PSICOMEDITACIÓN
10 TÉCNICAS PARA ARMONIZAR MENTE Y CUERPO

ROBERTO TIRIGALL

PSICOMEDITACIÓN
10 TÉCNICAS PARA ARMONIZAR MENTE Y CUERPO

ROBERTO TIRIGALL

GRUPO
EDITORIAL
norma
www.norma.com

Bogotá, Barcelona, Buenos Aires, Caracas, Guatemala,
Lima, México, Panamá, Quito, San José, San Juan,
Santiago de Chile, Santo Domingo.

iv

Tirigall, Roberto
Psicomeditación, 10 técnicas básicas para armonizar mente y cuerpo /
Roberto Tirigall. — San Juan:
Grupo Editorial Norma, 2006.
1. Autoayuda   2.Tirigall, Roberto, 1956-0
154 p.; 21cm.
ISBN: 958-04-9058-9
C.C. 19649
Publicado anteriormente con el título: Psicomeditación: un revolucionario método
de armonización psicosomática.

Dirección editorial: Gizelle F. Borrero
Corrección de prueba: Gisel Laracuente Lugo
Diseño y armada electrónica: Milagros Reyes
Cubierta: Iván Figueroa Luciano

Este libro se compuso en caracteres:
Helvetica Neue, Footlight y Lucida Calligraphy

Impreso por Imprelibros S.A.,

Impreso en Colombia - Printed in Colombia

Impresión: mayo de 2006

ISBN: 958-04-9058-9
C.C. 19649

Para charlas, talleres y conferencias
con Roberto Tirigall favor de escribir a
rtirigall@onelinkpr.net

May 2009

Contenido

vii Prólogo a la tercera edición

ix Introducción

1 Capítulo I
La mente parlanchina

17 Capítulo II
¿Construir sobre arena o roca firme?

35 Capítulo III
Los enredos del pensamiento
y su peligrosidad

51 Capítulo IV
La percepción y la atención:
instrumentos esenciales
en el autoconocimiento

67 Capítulo V
¿Qué es la psicomeditación?

85 Capítulo VI
Distintas técnicas que se usan
en la psicomeditación

121 Capítulo VII
Beneficios de la psicomeditación

139 Capítulo VIII
Conclusiones

141 Sobre el autor

143 Agradecimientos

Prólogo a la tercera edición

TRAS VARIOS AÑOS DE HABER ESCRITO LA PRIMERA EDICIÓN DE *PSICOMEDITACIÓN*, ERA NECESARIO AMPLIAR ALGUNAS DE LAS IDEAS QUE FUERON PLASMADAS ORIGINAL-MENTE. También hemos incorporado un disco compacto en el que incluimos una selección de las ideas más significativas que planteo en el libro, de tal manera que tengan la posibili-dad de escucharlas y que además puedan practicarlas. Este cd incluye una medita-ción guiada con la que podrán practicar la técnica del Testigo Silente que explicamos en el capítulo 6.

Ya decía el filósofo Heráclito que no podemos meternos dos veces al mismo río, dado que este habrá cambiado y, por su-puesto, nosotros también.

Siempre me sentí atraído por las ideas de complementariedad, unidad, integra-ción y totalidad. Esto me llevó a entender, que debajo de todos los condicionamientos que habitan en nosotros, existe algo en común en todos los seres humanos, que representa la fuente de una unión verdadera.

Lamentablemente, en el mundo se presta más atención a los aspectos externos, ya sea el color de piel, la nacionalidad, la raza, la religión, el partido político, etc. Todo eso no hace más que generar divisiones y conflictos, evitando la posibilidad de una integración real.

La psicomeditación es una verdadera herramienta, que permite introducirnos en nuestro ser y generar cambios esenciales.

En la medida en que podamos ir más allá de los enredos a los que la mente nos tiene acostumbrados, crearemos una nueva manera de pensar, sentir y actuar. Por ende, no necesitaremos tantas defensas o barreras, que sólo sirven para aislarnos de los demás.

Es de extrema necesidad abrevar las aguas de la paz interior, para fortalecer nuestra capacidad de amar.

Roberto Tirigall
San Juan, Puerto Rico
3 de marzo de 2006

Introducción

A TRAVÉS DE LOS AÑOS APRENDEMOS LA IMPORTANCIA QUE POSEE EL AUTOCONOCIMIENTO. Al bucear en las profundidades de nuestra mente, podemos comprender cómo funciona esta maquinaria tan compleja. Al entender qué tipo de mecanismos y reacciones podemos generar, tenemos la posibilidad de decidir qué conducta es la más adecuada.

Cuando existe una absoluta ignorancia de quiénes somos, no hay ninguna brújula que nos conduzca. Por lo tanto, podemos experimentar un sufrimiento innecesario; que podía haber sido evitado. Gracias a que conocemos la existencia de la Ley de Gravedad no se nos ocurriría salir por la ventana de un décimo piso, pues sabríamos que si lo hiciéramos, nos estrellaríamos contra el suelo. De la misma manera que utilizar los ascensores o las escaleras nos permite bajar de un décimo piso sin lastimarnos, el autoconocimiento interior nos ahorraría mucho

x

sufrimiento y nos evitaría agregar dolor al dolor.
La psicomeditación nos plantea la posibilidad de darnos cuenta de cómo funciona
nuestro mundo mental y así otorgarle el lugar
pertinente. También nos ayuda a no dejarnos
atrapar por una serie de enredos psíquicos, que
nos ocasionarían un verdadero sufrimiento.
Psicomeditar es una forma de encontrar
la paz interior, un estado en el que nada ni nadie nos puede ocasionar molestias; significa
limpiarse de heridas psicoemocionales que
pertenecen al pasado y que pier-
den su valor en el presente.
Cuando permanecemos en
el presente, nos liberamos
de la jaula o prisión de vivir
en el pasado.

CAPÍTULO 1

La mente parlanchina

LOS ORIENTALES SUELEN DECIR QUE LA MENTE ES UNA ESPECIE DE "MONO LOCO" QUE, PARA COLMO, ESTÁ EBRIO. Es bien sabido que el mono, en general, se caracteriza por no estar quieto nunca; va saltando de árbol en árbol, corriendo de un lugar a otro, sintiéndose atraído por todo aquello en lo cual posa su mirada. Si a eso le agregamos la ebriedad y la locura, veremos que es muy difícil que permanezca quieto y sin hacer ningún tipo de monerías. Phyllis Krystall [1] en su libro "Aprendiendo a controlar nuestra mente de mono", dice que la mente es incluso más caprichosa que un mono; va saltando de un deseo a otro enredándose en una maraña de vueltas. La analogía que hacen los orientales sobre la mente y el mono tiene muchísimos años, lo que nos hace inferir que en el pensamiento oriental ya sabían sobre el comportamiento de la mente y los enredos que podía ocasionar.

La gente me comunica de diferentes formas, lo que sería esa Mente Parlanchina; las expresiones más comunes son las siguientes:

A la mente, para poder domarla, no hay que dejarla ni plenamente suelta ni fustigarla todo el tiempo.

ಞ Ese otro yo me tiene mal.
ಞ No puedo controlar mis pensamientos.
ಞ Hay algo más fuerte que yo.
ಞ Un parloteo en mi cabeza me hace sufrir.
ಞ Siento que mi mente está siempre en otro sitio.
ಞ No consigo concentrarme. Imagino demasiado.
ಞ Me resulta muy difícil vivir el aquí y ahora.
ಞ En mi cabeza siempre hay dos que se pelean.
ಞ Pienso en situaciones dolorosas que ya pasaron.

La Mente Parlanchina es tan poderosa que en realidad el ser humano no tiene una Mente Parlanchina, sino que la Mente Parlanchina lo tiene a él. Según explica Dharma Arya Akong Rimpoche en el libro "El arte de domar el tigre", "nuestra mente, en su estado actual, puede compararse a un tigre salvaje descontrolado a lo largo de la vida cotidiana. Impulsada por el deseo, el odio y el desconcierto, esta mente indomada persigue ciegamente lo que desea con poca o ninguna comprensión de cómo son realmente las cosas". [2]

Por otro lado, el gran maestro espiritual ruso George Ivanovitch Gurdjieff, creador de la Escuela del Cuarto Camino, hizo una analogía entre la psique y un caballo salvaje. Con esta comparación nos muestra que a la mente –como al caballo salvaje– para poder domarla no hay que dejarla ni plenamente suelta, ni fustigarla todo el tiempo.

El ser humano puede continuar de una manera indefinida acumulando conocimientos, aprender muchos idiomas, leer si le fuera posible todos los libros y aprender todas la lenguas, pero con todo eso no conseguiría avanzar ni un solo paso en el autoconocimiento. A la mente no le interesa conocer o tratar de llegar a la "Verdad", aunque en apariencias lo haga; sino que su necesidad es la de tener algo más para moler. Y si por casualidad, la maquinaria psíquica se detuviera, se rebelará inmediatamente y volverá a hallar nueva molienda para continuar alimentándose permanentemente. La función de la mente es darse una permanente continuidad, no importa con qué tema, concepto, fantasía, etc. Lo importante es permanecer parloteando por siempre. [3]

La naturaleza de la mente es ser pura contradicción. Esto significa que la mente está en constante estado de oposición, dando lugar a lo que podríamos llamar conflicto interno o intrapsíquico. Por lo tanto, cuando una de las partes de la mente (o fragmentos que la componen, como por ejemplo: pensamientos, imágenes, representaciones o emociones) busca solucionar el conflicto, lo que se va a producir es el incremento del mismo como consecuencia de la lucha entre esas partes. Esto ocasionará un mayor sufrimiento. Precisamente, el sufrimiento del ser humano es uno de los aspectos en los cuales me interesa profundizar y considero que a la mente le atañe muchísima responsabilidad en todo esto.

Si nos detenemos un poco a observar el mundo, veremos que existe un progreso de tipo técnico o tecnológico en distintas áreas de las ciencias, ya sean la medicina, física, cibernética, biología, química, etc. No podemos negar que en los campos científicos se ha progresado o evolucionado notablemente. Sin embargo –en esto estoy muy de acuerdo con el sabio oriental Krishnamurti, cuando dice que no ha habido una evolución a nivel del comportamiento del hombre– basta con escuchar la radio, ver la televisión o leer el periódico para darse cuenta hacia dónde se dirige el mundo. Día tras día percibimos que en el mundo entero se producen guerras, robos, asesinatos, secuestros y violaciones que no van a la par con el gran desarrollo tecnológico que hemos experimentado. Podemos inferir que este desarrollo no se da de igual modo a nivel psicosocial. Para poder entender todo esto uno podría preguntarse ¿cómo se origina una conducta? Lo primero que responderíamos es que para que haya una conducta o comportamiento, tiene que haber previamente un pensamiento o una imagen. Esto nos va indicando que el pensamiento no sólo se utiliza al servicio del progreso tecnológico, sino también con fines destructivos.

Si tratamos de percibir lo más claramente posible, podemos darnos cuenta de que en nuestro mundo la mayoría de los objetos que existen, estuvieron en algún momento en el pensamiento de alguien. Por ejemplo, la computadora personal que me permite procesar textos, tuvo su origen en la mente de algún creador cibernético. Es evidente que hay cosas que el pensamiento no ha creado, como una montaña, las estrellas, el planeta Tierra, etc. Pero si por un solo instante dejásemos de lado la naturaleza, veríamos que todo lo que hay en la Tierra es una consecuencia directa de nuestro pensar.

Se podría decir que pensar es, de alguna manera, una interpretación de lo que es; esto quiere decir que muchas veces lo que es o los

Si por un solo instante dejásemos de lado la naturaleza, veríamos que todo lo que hay en la Tierra es una consecuencia directa de nuestro pensar.

hechos, no son tan importantes como nuestra interpretación sobre los mismos. Puede suceder que a una persona le hayan robado el auto e interpreta este hecho como una situación desagradable, pero después cobrará un seguro, por lo que su estado de ánimo –si bien no es óptimo– le permite seguir sus actividades cotidianas sin mayores inconvenientes. Sin embargo, a otro individuo se le puede haber roto una taza de té del juego de porcelana y esto le provoca una gran perturbación, debido a que interpretó este hecho de otra manera, ocasionándole muchas dificultades en sus actividades diarias.

Vamos a tener mayor o menor paz interior, de acuerdo a las interpretaciones que hagamos sobre el mundo.

Epícteto, el gran filósofo estoico, decía: "El mundo no es por lo que pasa, sino por lo que pienso de lo que pasa". Su mensaje nos estaba diciendo que vamos a tener mayor o menor paz interior, de acuerdo a las interpretaciones que hagamos sobre el mundo. Sabemos que es muy difícil percibir el mundo tal cual es, debido a que la mayoría de las veces proyectamos nuestros pensamientos sobre éste. Ya decía el poeta español Ramón de Campoamor:

En este mundo traidor
nada es verdad ni mentira;
todo es según el color
del cristal con que se mira.

El poeta, por medio de la danza de sus palabras, nos está expresando que podemos ver solamente a través de pantallas, y que las mismas están formadas por imágenes, pensamientos, sentimientos... En realidad, es como si a nuestros ojos, de manera continua, les pusiéramos diferentes lentes de colores que se van cambiando sucesivamente. A veces creo que tenemos –como nos señala el autor y traductor al español de Krishnamurti, Armando Clavier– una especie de Imagoteca, una biblioteca de imágenes creada por la influencia de nuestros padres, maestros, amigos, a través de la cual interpretamos el mundo.

Tal como se desprende del libro "Zen y realidad" de Robert Powell, el hombre común vive enteramente para su imaginación, y todas sus luchas, al igual que sus objetivos, son producidas por una mente en estado de agitación. [4] Este hombre vive totalmente apegado o identificado con su imaginación, que lo lleva de un lado a otro tal como le hace el viento a una pequeña barcaza en alta mar.

En el libro "El silencio liberador", Consuelo Martin expresa que "el pensamiento no podrá ser nunca liberador por más astuto y sofisticado que sea". [5] Asimismo, el escritor Ramiro A. Calle, pionero de la enseñanza del yoga en España, explica que en la identificación de los procesos mentales no va a haber quietud ni silencio interior. En la fuente del pensamiento existe la poderosa energía del observador incondicionado e inafectado, algo así como el ojo del ciclón. [6] Por su parte, en "La vida del no apego", Dhiravamsa dice que en realidad la mente detesta estar sola y le gusta jugar con pensamientos, fantasías y recuerdos que la distraigan. Al no poder quedarse "sola" comienza a generar problemas. Algo que podría no ser un problema se vuelve tal por creación de la psique. [7] De la misma forma, el maestro de la India Osho afirma que la mente nunca puede estar clara, dado que la mente de por sí es niebla y confusión. La claridad sólo es posible sin la mente. [8]

El Dr. Maurice Nicoll, discípulo del maestro espiritual ruso Gurdjieff, nos señala una diferencia esencial que él ya había descubierto en cierta literatura: "El pensamiento no es lo mismo que el pensar". Para sostener dicha proposición nos menciona que cualquier pensamiento que pasa por la mente busca atraernos. Si lo logra, comenzamos a pensar en éste; a partir de ahí, prestándole más atención, se produce su crecimiento en todas las direcciones, creando un arbolito de pensamientos que da frutos y que, a su vez, son semillas de otros pensamientos. Un ejemplo válido sería: estoy charlando con una persona y me irrumpe en la cabeza la idea de que ese hombre es un embustero; si uno cree en ese pensamiento y comienza a pensar en él, por obra de la identificación o apego hacia la representación, transforma a ese individuo en un "embustero", mas allá de lo que realmente pudiera ser. [9]

Qué importantes son las palabras de Krishnamurti, cuando nos dice que es esencial que comprendamos profundamente la naturaleza de nuestro pensar, debido a que la mayoría de los problemas son creados por el pensamiento. Es muy fácil darnos cuenta como nuestros conflictos internos se manifiestan en el mundo exterior.

Se pueden visualizar las grandes crisis sociales, como la consecuencia de una desarmonización interna. Basta ver las injusticias sociales, los enriquecimientos excesivos por parte de algunos y a la vez el excesivo empobrecimiento de otros, que trae como consecuencia más gente en el mundo que no tiene qué comer. Mueren niños que no tienen cubiertas sus necesidades primarias. Para tener una mejor comprensión de esta situación, consideramos importante hacer una clasificación de las necesidades que tiene el ser humano, en su desarrollo.

Necesidad Primaria: Es una necesidad de tipo básica, donde lo que se requiere en primer lugar es amor, alimento, vestido, un hábitat, educación mínima, etc.

Necesidad secundaria: Encontramos la enseñanza media y la universitaria, la posibilidad de acceder a un buen empleo, tener una

La claridad sólo es posible sin la mente.

El sufrimiento innecesario no puede subsistir en el aquí y ahora, porque necesita del sufrimiento pasado o de la anticipación imaginaria del sufrimiento futuro.

posición económica estable, proyectos, viajes, búsqueda de la pareja, posibilidad de tener hijos, etc.

Necesidad Terciaria: Se produce cuando las necesidades primarias y secundarias han sido satisfechas y el ser humano tiene la necesidad de trascender en la vida o darle un sentido. Sin entender nuestro mundo psíquico, el mundo exterior seguirá siendo caótico.

Si retomamos lo que veníamos hablando sobre la importancia del papel del pensamiento en nuestras vidas y tenemos en cuenta la sabiduría oriental, no debemos olvidar algunas verdades que Buda, el iluminado, solía decir: "somos lo que pensamos", "todo lo que somos surge con nuestros pensamientos", "con nuestros pensamientos construimos el mundo", "tu peor enemigo no te puede dañar tanto como tus propios pensamientos", etc. Este maestro tenía un profundo conocimiento interior y estaba enfocado en no producir más sufrimiento innecesario.

Creo pertinente hacer una distinción entre el dolor y el sufrimiento. Cuando hablamos de dolor, generalmente nos referimos a todo lo que se vincula con lo físico; un dolor de muelas, un malestar estomacal, etc. En cambio, el sufrimiento se encuentra estrechamente relacionado con nuestras emociones, sentimientos, imágenes y pensamientos. Resulta evidente que el sufrimiento es algo muy personal y de tipo cualitativo. Cada persona lo va a sentir a su manera, por eso es muy difícil poder cuantificarlo.

Pero existe un sufrimiento, al que llamamos innecesario, debido a que puede evitarse. Este tipo de sufrimiento se alimenta de situaciones o hechos del pasado, a los que se le da vida en el presente, así como también puede materializarse al anticipar un futuro sombrío y sufrido.

En el sufrimiento innecesario nos enredamos en la búsqueda de situaciones pasadas que nos generaron mucho sufrimiento y producimos una reactivación del mismo. Sería en última instancia un volver a sufrir, pero ahora.

De la misma manera, cuando proyectamos o anticipamos un futuro con mucho sufrimiento, estamos adelantando algo que no sabemos si va a ocurrir. A la mente no le importa si va o no va a suceder, dado que vive esa anticipación del futuro como si fuera un hecho. Ya sea que nos quedemos enredados en el pasado o que proyectemos un muy mal futuro, existe una constante en ambas situaciones: NO VIVIR EL AQUÍ Y AHORA. El sufrimiento innecesario no puede subsistir en el aquí y ahora, porque necesita del sufrimiento pasado o de la anticipación imaginaria del sufrimiento futuro.

En el libro "El poder del ahora" Eckhart Tolle afirma que el ahora lo podemos enfrentar [10], pero luchar contra un pasado que ya no está o intentar afrontar algo que todavía no ha ocurrido, es como querer enfrentar a un fantasma mental. Al focalizarnos en el presente se nos caen algunos sufrimientos innecesarios, que sólo servían para esclavizarnos y sacarnos nuestra energía vital. Recordemos que podemos recurrir al pasado cuando sea necesario en el presente, dándole el valor apropiado. El futuro no ha venido todavía; lo que podamos pensar sobre lo que va a venir, forma parte de nuestro mundo imaginario.

Preocuparnos es anticiparnos a algo que todavía no ha sucedido, pero ocuparse es actuar en el momento adecuado. Por eso, en la medida en que nos ocupemos de lo que nos sucede en el Aquí y Ahora, muchos de nuestros sufrimientos innecesarios empezarán a abandonarnos. De esta forma, podremos seguir planificando actividades, sin quedar atrapados en sufrimientos pasados ni en preocupaciones por el futuro. A medida que vamos entendiendo el sufrimiento, empezamos a dirigir efectivamente el poder de nuestra atención y tomamos conciencia de la influencia que ejercen los pensamientos en nuestra vida.

Nuestra mente parlanchina tiene mucho interés en generar problemas, porque de esa forma tiene asegurada su continuidad. Al tener problemas reales o imaginarios, la maquinaria del pensar entra en funcionamiento. En el libro "Joy, the happiness that comes from within" el maestro de la India Osho recalca que a la mente le fascina producir conflictos que le hagan imaginar cada vez más, convirtiendo granos de arena en montañas. [11] No nos olvidemos de que el hecho de detener el parloteo interior sería –aunque momentáneamente– la muerte de la mente parlanchina. Por lo tanto, la mente se resiste a quedarse en paz o en silencio, porque no acepta dejar de estar en movimiento continuo.

Es fundamental percartarnos de nuestra mente, dado que nuestra tarea radica en saber cómo surgen los pensamientos y si podemos observarlos imparcialmente. Es interesante comprender que el pensamiento nos viene como prestado y puede ser un divino tesoro o hundirnos en el infierno. Un ejemplo: Yo me llamo Héctor Roberto –que me vino dado por mis padres– pero en realidad respondo únicamente al nombre de Roberto, aunque mi nombre de pila es Héctor, debido a que prácticamente nadie me ha llamado Héctor. Si profundizamos un poquito más, descubriremos que el nombre Roberto le gustaba mucho a mi tía, ya que su novio se llamaba así. Entonces el nombre Roberto pertenecía al deseo o anhelo de mi madre, que fue sostenido y reforzado por mi tía. Piensen en la carga familiar que lleva ese nombre que está encapsulado en un pensamiento, y además ¿qué pasa con el resto de los pensamientos?

Preocuparnos es anticiparnos a algo que todavía no ha sucedido, pero ocuparse es actuar en el momento adecuado.

Por lo tanto, si mi nombre fue un pensamiento no me pertenece realmente, aunque después me lo haya apropiado. El resto de los pensamientos tampoco me pertenecen. La pregunta que me hago es: ¿Qué me pertenece?

Referencias bibliográficas

[1] Phyllis Krystal, "Aprendiendo a controlar nuestra mente de mono". Errepar. Año 1993.

[2] Consuelo Martín, "El silencio creador". Mandal Ediciones S.A. Año 1991.

[3] Satprem, "Sri Aurobindo o la aventura de la conciencia". Ediciones Obelisco. Año 1988.

[4] Robert Powell, "Zen y realidad". Editora y Distribuidora Yug S.A. Año 1989.

[5] Consuelo Martin, "El silencio creador". Mandala Ediciones S.A. Año 1991.

[6] Ramiro A. Calle, "Recobrar la mente". Ediciones Urano, S.A. Año 1991.

[7] Dhiravamsa, "La vida del no apego". Editora Los Libros de La Liebre de Marzo. Año 1994.

[8] Osho, "Más allá de las fronteras de la mente". Editorial Mutar. Año 1992.

[9] Dr. Maurice Nicoll, "Comentarios psicológicos sobre las enseñanzas de Gurdjieff y Ouspensky". Editorial Kier. Año 1988.

[10] Eckhart Tolle, "El poder del ahora". New World Library. Año 2000.

[11] Osho, "Joy, the happiness that comes from within". St. Martin's Griffin New York. Año 2004.

CAPÍTULO 2

¿Construir sobre arena o roca firme?

CUANDO EN EL CAPÍTULO ANTERIOR QUE-
DÓ ABIERTA LA PREGUNTA ¿QUÉ ME PERTENE-
CE?, INMEDIATAMENTE UNO SE PUEDE PRE-
GUNTAR SOBRE LA PROPIA IDENTIDAD. Ahí es
donde me parece importante poder diferenciar
identidad de identificación. La identidad, como
decía un profesor que tuve en la Universidad
de Psicología, está en la cédula o identificación
personal nada más. Con eso estaba diciendo o, tal vez, cuestionando la existencia
en principio de una propia identidad. Sin
embargo, él decía que sólo había identificaciones, y con esto se refería a que la
identificación era el medio para tomar algo
prestado de alguien y después hacerlo propio. Es como si creyéramos que nuestro jean,
el que usamos diariamente, formase parte
de nuestra pierna, en vez de considerarlo
solamente como una prenda de vestir. Con
las identificaciones vamos poniéndonos
distintos ropajes y algunos que tomamos

Nosotros no somos sólo el nombre, las tradiciones y los condicionamientos que nos vienen dados; nuestra esencia es más que todo eso, pero hay que develarla.

comúnmente los hacemos carne.

Me gustaría tomar como analogía algo que menciona el escritor y traductor Armando Clavier en uno de sus libros sobre Krishnamurti. Nos dice que la mente es una suerte de habitación y que los pensamientos serían los muebles. Cuando uno nace, ya tiene de antemano adjudicados ciertos muebles (el nombre, las tradiciones familiares, culturales, etc.). Poco a poco, el individuo se va encontrando con todos esos muebles y empieza a adherirse o apegarse a ellos. Luego comienza a decirse, tomando el ejemplo anterior: "Yo soy Roberto, argentino...", pero en realidad YO NO SOY ESO, aunque "ESO" me lo han introducido a través de la repetición. Tengo la libertad de poder decir que YO SOY MÁS QUE "ESO" y comenzar una deconstrucción o descondicionamiento de todo a lo que me había identificado para entonces poder construir lo que realmente desee.

En la "Joya del discernimiento", el maestro oriental Sankara, hablando sobre el Vedanta nos dice: "No es eso", "No es eso", queriéndonos decir que nosotros no somos sólo el nombre, las tradiciones y los condicionamientos que nos vienen dados; que nuestra esencia es más que todo eso, pero hay que develarla. Buda lo dice de una manera muy parecida, habla del desapego, pudiendo diferenciar lo mutable de lo inmutable, lo QUE NO ES o lo Falso, de aquello QUE ES o lo Verdadero.

¿Qué quiere decir construir sobre arena? Quiere decir que la vivienda que se construya está condenada a desmoronarse por no tener la solidez necesaria. Dicho de otra manera, construir sobre arena implica el no tener los cimientos bien constituidos que me permitan una construcción segura. Es bien sabido que un gran árbol tiene profundas raíces. Por eso también nos referíamos a la posibilidad de construir sobre roca firme. Sin ser especialistas en ingeniería ni arquitectura sabemos, como legos, que la roca firme va a ser el medio de tener una construcción bien afirmada o arraigada, que no se desmorone tan fácilmente como un castillo de arena, que con un leve vientecillo o crecida del mar se derrumba.

Y hablando de las raíces, me viene a la mente que siempre, desde muy chico, me había atrapado el estudio sobre la mente. No me olvido –y disculpen esta autorreferencia– que de muy niño tuve una enfermedad que comprometía los pulmones y las vías respiratorias (asma bronquial). Recuerdo que sólo bastaba pensar o imaginar que en la noche me podía ahogar, para que el ataque de asma se desarrollara inexorablemente. En la etapa de mi adolescencia, solía salir a divertirme con mis primos, que además eran mis amigos. Si en una de esas salidas alguno de ellos me invitaba a dormir a su casa, inmediatamente sentía

que, al no tener el vasodilatador o broncodi-
latador que me facilitara la respiración, iba a
tener una mala noche. Y así era, efectivamente: comenzaba a experimentar esa horrible
sensación de no tener el suficiente aire para
respirar hasta que se manifestaba fisiológica-
mente la disnea –dificultad respiratoria–. Esta
situación era muy difícil para mí, hasta que un
día me acerqué a una librería y tomé un libro
en mis manos; mejor dicho, el libro me eligió a
mí. Su nombre era: "El poder está en usted",
de Claude Bristol. El autor hablaba de la importancia del pensamiento y su poder, como
símil al de una bomba atómica. Con posterioridad leí el "Poder mágico de la voluntad" del
mismo autor y así sucesivamente, pasaron por
mis manos otros libros de autoayuda, donde
se hacía referencia a la peligrosidad de los
pensamientos destructivos y al daño que
podrían ocasionar no sólo psíquica,
sino también psicosomáticamente.

Poco a poco, comencé a trabajar con Técnicas de Control Mental, donde con posterioridad me di
cuenta de que se utilizaban diferentes
técnicas de Hatha y Raja Yoga. Ahí se
revelaba con muchísima claridad cómo
la respiración ritmada tenía influencia sobre
la oleada de ideas, que poco a poco se iban
aquietando, dejando de influenciar tanto psíquica como corporalmente.

Nos preguntamos muchas veces si nuestra mente puede ser manejada o controlada; es decir, si podemos pensar lo que realmente queremos o si, por el contrario, tal como señala el maestro de la India, Osho, la mente es una especie de proceso sin ningún tipo de controlador o ente que permanentemente la dirija. [1] Si decimos que en nuestra mente hay un ente o una entidad que la pueda manejar –lo que se conoce comúnmente como el yo– entonces podríamos pensar, sentir e imaginar todo lo que nosotros quisiéramos, debido a que tendríamos el gobierno sobre la psique. De esta manera, no necesitaríamos recurrir a ningún profesional de la salud, médico, psicólogo o psiquiatra, dado que al pensar voluntariamente lo que se quiere o desea, pensaríamos sólo aquello que más nos satisfaga. Pero sabemos que eso no es así. El gran filósofo alemán Friedrich Nietzche decía en el libro "Más allá del bien y del mal": "Yo no pienso, ello piensa", concepto tomado también por el creador del Psicoanálisis Sigmund Freud, en su Segunda Tópica o Teoría (yo, super-yo y ello).

Me parece que es posible apreciar que uno no tiene pensamientos, sino que los pensamientos lo tienen a uno. Ahora, si sostenemos que la mente es un proceso –como diría el maestro Osho– estaríamos hablando de un flujo de ideas, palabras, imágenes, sentimientos... Es fundamental saber si vamos a tratar a

Me parece que es posible apreciar que uno no tiene pensamientos, sino que los pensamientos lo tienen a uno.

El exceso de control conduce al descontrol.

la mente como entidad o como proceso, dado que si la consideramos una entidad, trataremos de disciplinarla, controlarla y así poder obtener la tan preciada "felicidad". Pero todos sabemos muy bien que el exceso de control conduce al descontrol. Precisamente, cuando alguien dice que no quiere pensar en comida, sexo o problemas es cuando más lo hace, y el pensar agiganta mucho más el tema. Controlar algo es como estar sentado sobre un gran resorte, que al dispararse te catapulta muy alto y de una manera estrepitosa e imparable. Obviamente, esto no quiere decir que nos dejemos llevar o llevemos a la acción cualquier pensamiento que se nos ocurra.

En algún momento habíamos hablado de que cuando un fragmento o parte de nuestra personalidad quiere dominar o controlar a otra, provoca una batalla sin fin; de ahí que cuando más control, más conflicto existe. Con esto no quiero decir que preconizo el descontrol, sino que al entender a la psique como un proceso que fluye, se mueve, se desplaza, estando en movimiento, la idea de querer controlar o dominar es dejada de lado.

Cuando tomamos a la mente como un proceso, ésta se asemejaría a un aparato de televisión que continuamente pasa todo tipo de películas pero, no tenemos un control remoto que nos permita cambiar las imágenes, poner otro canal o apagarlo si lo deseáramos.

Aparentemente, tenemos la posibilidad de controlar el flujo mental, pero basta con querer retener una idea por unos cuantos minutos, para darnos cuenta de que inmediatamente surgen muchas ideas que nos llevan de un lugar a otro. Si quisiéramos funcionar como ente –es decir, si uno quisiera manejar o controlar todo– esa posición nos conduciría a un estado de división interior, donde en un lugar está el "controlador" y en oposición lo "controlado", lo que produciría un mayor desgarro interior. Al dejar de controlar y poder tomar a la psique como un proceso o flujo de pensamientos, sentimientos e imágenes, comienza a disminuir el conflicto, por lo que se logra un mayor nivel de entendimiento, que a su vez hace posibles los cambios, sin mayores resistencias.

Si alguien me preguntase ¿Qué es la mente?, podría dar explicaciones de muchos tipos: diría que está conformada por una parte consciente, preconsciente, inconsciente personal e inconsciente colectivo; eso va a depender del marco teórico en que me sitúe, ya sea desde el Psicoanálisis (Sigmund Freud), la Psicología Compleja (Carl G. Jung), la Psicología Individual (Alfred Adler), la Teoría de Wilheim Reich sobre el orgasmo, la Terapia Gestáltica de Fritz Perls, etc. Supongamos que no cuente con ningún modelo teórico que pueda dar cuenta sobre lo que es la men-

te. Entonces solamente tendría como posibilidad, poder observar en mi interior y ver con qué me encuentro y qué descubro. Si este viaje de autodescubrimiento continúa, comenzaré a encontrarme con imágenes, ideas, sensaciones, sentimientos, emociones, pasiones y deseos, entre otras cosas. El autoconocimiento comienza al descubrir lo que hay desde la piel para adentro y ¿por qué no?, de la piel para afuera. Eso es lo que el filósofo español José Ortega y Gasset llamó intracuerpo y extracuerpo.

Cuando anteriormente señalaba lo de observar, me refería más precisamente al "acto de darse cuenta". Entiendo por "darse cuenta" a la observación sin condena, ni crítica, ni identificación; a lo que llamaría una "Percepción Pura". La Percerpción Pura o el darse cuenta sin reacción, condena, crítica o identificación, pone al descubierto los temores, los recuerdos, el parloteo mental o diálogo intrapsíquico, revelando lo oculto y poniendo de manifiesto los contenidos ocultos del inconsciente.

Me gustaría hacer una diferenciación entre lo que considero Percepción Pura u Holística, de una Percepción Fragmentaria o Parcializada. La Percepción Holística, que proviene de la palabra griega Holos, que significa totalidad, se caracteriza por ser no excluyente, implica una mirada o escucha inocente. También podríamos decir que no se encuentra apegada al pasado ni al futuro. Por el contrario, la Percepción Fragmentada es excluyente, crítica, contaminada por huellas mnémicas o de la memoria, que encapsulan el pasado y, por ende, hay una mirada o escucha condicionada a ciertas pautas o patrones que han sido incorporados.

En este momento vienen a mi mente unos escritos de Krishnamurti, que provienen de su diario. En ellos, este sabio, hace una diferencia fundamental entre "mirar con pensamiento" y "mirar sin pensamiento". Para él, mirar –ya sea al mundo exterior o interior– con pensamientos, es mirar desde el tiempo y la experiencia, atado a la memoria, en donde la respuesta que tengamos nunca es fresca, encerrándonos en un círculo vicioso que incrementa el surco del hábito, la rutina y el aburrimiento. Sin embargo, mirar sin el pensamiento es poder ver sin que el tiempo interfiera, hay una forma de ver sin división ni fragmentación. Esta manera de mirar es el florecimiento de la meditación.

Por lo tanto, si uno se preguntase ¿Construyo sobre arena o sobre roca firme?, la respuesta tendría forma de pregunta: ¿Qué representa la arena? y ¿Qué representa la roca firme? La arena representaría los cimientos que no aseguran una construcción adecuada; simbolizaría construir sobre nuestro mundo mental, mientras que la roca representaría po-

Mirar sin el pensamiento es poder ver sin que el tiempo interfiera, hay una forma de ver sin división ni fragmentación. Esta manera de mirar es el florecimiento de la meditación.

der construir sobre la base de una percepción Pura u Holística.

Nuestra percepción es Pura u Holística cuando la mente se silencia a sí misma, no cuando es forzada a silenciarse. Consuelo Martín explica en su libro, "El silencio creador", que dar vueltas y vueltas con el viejo instrumento que es el pensar, es una calle sin salida: "El pensamiento nos esclaviza al tiempo, a las estructuras viejas del pasado, creando esa historia imaginaria a la que llamamos inapropiadamente realidad". [2]

Cuando nos sentamos para poder producir el silencio mental, nos encontramos con un flujo de pensamientos que se podrían asemejar a ratas enloquecidas y agresivas. Tal como afirma Satprem en el libro "Sri Aurobindo o la aventura de la conciencia", también es fundamental, tanto la paciencia como la obstinación, y sobre todo no luchar contra la mente, dado que ese es el principal error. [3]

No hace mucho tiempo comencé a leer a una autora que me fue recomendada por un gran amigo: su nombre es Simone Weil. En su libro "La gravedad y la gracia" nos habla de la imaginación colmadora, diciéndonos que en cualquier situación en que se detenga la imaginación colmadora, existe vacío; en tanto que el vacío es la plenitud suprema. Pero como vemos, el ser humano trata por todos los medios de colmar ese vacío, ese silencio absoluto, sin

Cuando se vive en su totalidad alguna situación -no importa si es dolorosa o placentera- aunque deja un recuerdo como experiencia, ya no nos afecta.

darse cuenta de que en esa vacuidad está la plenitud. El maestro Meister Eckhart, místico cristiano, nos dice: "Si un hombre no conoce la nada, es que la luz Divina nunca ha de brillar sobre él".

Llegar a conseguir una percepción holística no es algo que se pueda comprar en el mercado ni algo que se logre con esfuerzo; está profundamente vinculado con la inteligencia. Cuando me refiero a la inteligencia, no estoy hablando de la que se consigue adquiriendo conocimientos de orden intelectual, sino de la que proviene del propio conocimiento y, por ende, la del ser humano. Sin embargo, estamos tan prisioneros en la cárcel de palabras, imágenes y pensamientos que se nos hace extremadamente difícil poder ver y escuchar de una manera distinta. Por hallarnos condicionados por los prejuicios, las tradiciones, los dogmas, los principios y las creencias es que a veces nos resulta imposible ver un poco más allá de dichos condicionamientos. Lo más sencillo para nosotros es repetir los patrones y pautas que hemos incorporado, ya que estos no requieren ningún esfuerzo y, de esa forma, vivimos de una manera mecánica y automática.

Nuestra mente se caracteriza por estar en todas partes y en ninguna a la vez. Nos cuesta poder estar plenamente o totalmente en cualquier situación donde el pensar, sentir y actuar estén integrados. Hay una anécdota que muestra claramente este planteamiento. Se refierere a dos estudiantes estadounidenses que fueron a buscar la sabiduría a un monasterio Zen y se pusieron en contacto con un maestro. Ellos se levantaban en la mañana temprano, se higienizaban, desayunaban e iban a trabajar al campo. Luego volvían a almorzar, con posterioridad descansaban un rato y reanudaban la tarea en el campo hasta que el sol se ponía. Retornaban para higienizarse, cenar e irse a descansar.

Pasadas más de dos semanas, los estudiantes se preguntaban qué era lo que estaban aprendiendo de este maestro, dado que ellos suponían que hacían todo lo que el maestro también realizaba. No pudieron esperar mucho más tiempo y un día en la mañana le preguntaron al maestro qué era lo que iban a aprender de él, dado que ellos hacían exactamente lo mismo que él hacía todos los días. Y entonces el maestro les dijo: "Ustedes creen que hacen lo mismo que yo, pero eso no es así. Cuando yo desayuno, lo hago y no pienso en otra cosa; cuando trabajo, sólo trabajo y mi mente no vaga por doquier; cuando me higienizo, sólo estoy en eso totalmente". Este mensaje nos da cuenta de la importancia de vivir el "Aquí y Ahora", y poder estar en el presente de una manera total.

Vemos que no es tan sencillo poder estar completamente en algo. La mente, para su existencia, necesita de la división y de la incompletud. Les voy a dar un ejemplo sencillo: supongamos que comienzan a escribir una carta a un gran amigo y por algún motivo se interrumpe la culminación de la misma. Es muy probable que en cualquier otra actividad que desarrollen durante ese día o días posteriores, la mente les indique que no completaron la carta que tenían que enviar a ese amigo. Esto ocurre porque muchos de los pensamientos que merodean por nuestra cabeza son como retazos o restos de situaciones que no pudieron completarse. Por eso cuando se vive en su totalidad alguna situación –no importa si es dolorosa o placentera– aunque deja un recuerdo como experiencia, ya no nos afecta. No pasaría lo mismo con una situación que no se ha podido vivenciar plenamente.

Uno puede comenzar a observar que, obviamente, la utilización de la mente es necesaria; es algo así como las piernas que utilizo cuando tengo que caminar. Pero cuando no necesito caminar, no tiene sentido el movimiento de las piernas, ya que sería un gasto de energía inútil. Nuestra mente parlotea todo el tiempo; más que una invitada en nuestra propia casa, parece ser nuestra ama. Como ama puede ser muy tirana y esclavizante, debido a que se cree la dueña de la casa. Esto

El ser humano tendría que darse cuenta dónde la realidad mental es muy necesaria y dónde puede generarle sufrimiento.

encierra cierta peligrosidad; se forman marañas o madejas de pensamientos que muchas veces nos conducen hacia lo peor.

El hombre que se encuentra permanentemente identificado con su pensamiento y cree o siente que es sólo eso, estará continuamente sacudido como una hoja de otoño. No experimentará ningún momento de reposo, ya que la mente inquieta no puede liberarse por sí misma; es como si tratara de limpiar la sangre, con sangre, tal como se desprende del libro "Zen y realidad" de Robert Powell. [4] Para calmar la mente inquieta es necesario hacer una distinción entre lo que consideramos la realidad mental y la realidad fáctica. La realidad mental está formada por todo lo que fantaseamos, interpretamos, imaginamos, especulamos, pensamos, sentimos, etc. Sería, como dice Alberto Blanco en su libro "Dhammapada", todo nuestro contenido psíquico o mental. [5] Por el contrario, la realidad fáctica se compone de hechos. Imaginemos que en este momento está lloviendo copiosamente; es indudable que estaríamos ante la realidad fáctica o de los hechos. Pero si comenzamos a pensar que el día es horrible o que es un día triste, nos encontraríamos en la realidad mental, debido a que estamos interpretando, pensando y sintiendo sobre la lluvia. Otras personas, por el contrario, podrían pensar que es un día romántico y especial para disfrutar en pareja. Es evidente que existen tantas realidades mentales como personas, pero la realidad fáctica es una sola; es el hecho concreto de que está lloviendo.

Es difícil poder comprender la realidad mental de nuestros semejantes, debido a que sentimos y creemos que las cosas son solamente como las pensamos nosotros. La realidad mental sería como unas lentes o espejuelos que nos ponemos para observar la realidad fáctica. Lo que sucede, es que muchas veces nos olvidamos que tenemos esos espejuelos puestos y damos por sentado que la realidad fáctica es como la vemos nosotros. Los espejuelos que nos permiten ver la realidad fáctica son nuestros pensamientos, sentimientos, emociones e imágenes. Esos espejuelos comienzan a formarse desde nuestra niñez y llegamos a creer que son como parte de nuestro cuerpo. Al empezar a tomar conciencia de que todos tenemos espejuelos puestos, se incrementa nuestro nivel de tolerancia, bajamos nuestra ansiedad de querer tener siempre la razón y podemos escuchar mejor a los demás. Esto nos va a llevar a saber mucho más de los otros y a entender su modo de pensar y sentir. De esa forma, la vida se convierte en un aprendizaje.

Resultaría muy interesante poder quitarnos por algún momento nuestros espejuelos y lograr percibir la realidad fáctica de manera más directa. Sería muy beneficioso ponerse en contacto con la naturaleza (mar, montaña, campo, bosque...), porque nos produciría una renovación de energía. Todo eso lo podemos generar cuando podemos soltar la realidad mental por un período de tiempo. Al regresar a la realidad mental nos sentiremos más lúcidos y creativos, y podremos tener presente que, como afirma Richard Carlson en el libro "Usted sí puede ser feliz pase lo que pase", "mis pensamientos son sólo pensamientos".[6] No olvidemos que los hechos se producen en la realidad fáctica, pero cada individuo los lleva a su propia realidad mental, diferenciándose de otros individuos. Al poder percatarnos de la individualidad de cada ser humano, comienza a surgir más humildad y mayor respeto por las diferencias de opiniones que tenemos con los demás.

El ser humano tendría que darse cuenta dónde la realidad mental es muy necesaria y dónde puede generarle sufrimiento. Tomar conciencia de la toxicidad de ciertos pensamientos es una tarea imprescindible.

Una pregunta que me gustaría dejar es la siguiente: ¿Puede el propio pensamiento percibir su enredo y peligrosidad?

Referencias bibliográficas

[1] Osho, "Más allá de las fronteras de la mente". Editorial Mutar. Año 1992.

[2] Consuelo Martín, "El silencio creador". Mandala Ediciones S.A. Año 1991.

[3] Satprem, "Sri Aurobindo o la aventura de la conciencia". Ediciones Obelisco. Año 1988.

[4] Robert Powell, "Zen y realidad". Editora y Distribuidora Yug S.A. Año 1989.

[5] Alberto Blanco, "El Dhammapada" Arbol Editorial, S.A. de C. V. Año 1981.

[6] Richard Carlson, PH.D., "Usted sí puede ser feliz pase lo que pase". New World Library. Año 1998.

CAPÍTULO 3

Los enredos del pensamiento y su peligrosidad

LA PREGUNTA QUE HABÍAMOS DEJADO PEN-
DIENTE ERA: ¿PUEDE EL PROPIO PENSAMIENTO
PERCIBIR SU ENREDO Y PELIGROSIDAD?

Para poder contestar lo planteado tendríamos que ver si existe un pensador que pueda
darse cuenta de lo pensado, o si es el mismo
pensamiento el que se autopercibe y con-
cientiza su propio peligro. Para Krishnamurti,[1]
el pensador o el yo que piensa y controla
su pensamiento, en realidad no existe. El
pensamiento se divide en pensamiento y
pensador con el objetivo de darse perma-
nencia y, por lo tanto, continuidad. Si un
pensamiento no tuviera encima aquel que
lo controla o lo manipula, nacería, crecería
hasta morir y desaparecería en la nada. Pero
como el mismo pensamiento necesita continuar, se disocia o se separa en dos; por
un lado él mismo y por otro, el pensador. El
pensador es el encargado de fijar, registrar
y archivar. Por ejemplo: si me torno iracundo

ante una determinada situación y observo los pensamientos e imágenes que me vienen a la mente dejándolos fluir, sin reprimirlos ni llevarlos a la acción, la ira desaparecería sin que existiera ningún control sobre ésta. Nacería, crecería y moriría. Al desaparecer los pensamientos iracundos, la ira no puede sostenerse. Lo que quiere decir Krishnamurti, es que el yo no tiene existencia, sino que depende de los pensamientos que lo van a generar. Por eso al cesar los pensamientos, el yo también desaparece.

Los orientales comúnmente suelen expresar: "Los pensamientos son hijos de madres estériles". Si una madre es estéril no puede tener hijos; esto nos indica que los pensamientos que nos surgen no tienen un origen. En realidad, el mismo pensamiento es el origen. Podríamos dar un ejemplo con las nubes y el cielo, en donde las nubes son errantes (representan a los pensamientos) y no permanecen, mientras el cielo no cambia y es eterno silencio (referente a la armonía suprema).

Considero que hay imágenes o pensamientos muy destructivos que nos pueden ocasionar muchísimo daño. En mi caso, en relación al asma bronquial, una de las preguntas que frecuentemente me hacía era: ¿Por qué cada vez que pensaba o me imaginaba que me iba a ahogar, inmediatamente se producía el ataque de asma? En ese momento estaba estudiando para contador público, mientras leía libros occidentales y orientales sobre control mental, hipnosis, sofrología, parapsicología, psicología, yoga, meditación, etc., tratando de resolver mi problema. Ya había pasado por un montón de médicos que buscaban solucionar mi situación con la farmacopea de moda. Al comenzar a poner en práctica las técnicas de meditación, el asma bronquial dejó de manifestarse y hasta la actualidad, no he tenido ninguna dificultad respiratoria. Después de resolver el problema del asma, abandoné la carrera de contador público y realicé un profesorado de parapsicología, también incorporé técnicas de control mental y con posterioridad estudié yoga. Por último, terminé graduándome de psicólogo. Tomé además cursos de alimentación macrobiótica, hipnosis clínica, digitopuntura, estética corporal, terapia corporal, etc. En resumen: a partir de buscar la solución a mi enfermedad respiratoria, se abrieron diversos caminos que me condujeron a lugares insospechados. Alrededor del año 1984 tuve la suerte de contactarme con un swami o maestro de yoga con quien aprendí cinco preceptos que están permanentemente presentes en mi vida:

1. La importancia de lo que comemos
Generalmente no somos conscientes de cómo comemos y qué comemos. Pero si nos auto-

observamos veremos que muchas veces ni nos damos cuenta del tipo de alimentos que ingerimos y las consecuencias que puede producir dicha ingesta. Tampoco tomamos plena conciencia de la manera en que masticamos los alimentos. A veces prácticamente los enguyimos sin masticar. Debemos tener presente que el cerebro se va a alimentar de glucosa y oxígeno.

2. La respiración adecuada

Respirar es vivir, fíjense lo importante de dicho acto, que es el primero que realiza el bebé de forma independiente una vez que la madre ha dado a luz. Parece que la inspiración es la vida y la espiración es la muerte. En el yoga se habla de cuatro tipos de respiración: alta, intercostal, baja y completa.

a. La respiración alta, también es llamada respiración clavicular ¬o respiración del Collar, debido a que es muy común encontrar esta respiración en la mujer, que al respirar con la parte más alta del pecho produce un movimiento en su collar. Esta respiración es la peor de todas, debido a la poca oxigenación que la misma produce. Se caracteriza por ser contraria a lo que llamamos Principio Hedónico, que es el mismo que nos dice: "máxima satisfacción, mínimo esfuerzo". En este caso sería:

"máximo esfuerzo, mínima satisfacción".
b. La respiración intercostal podemos en-
contrarla en el hombre. También se le conoce como respiración media, ya que el movimiento se produce en el centro del pecho.
Es común recordar la clásica orden "saque
pecho", pues ahí se está reafirmando dicha
respiración. Esta respiración no es tan per-
judicial como la alta porque el ingreso de
oxígeno es un poco mayor, con todas las
consecuencias que eso acarrea.

c. En otros libros puede que encuentren a
la respiración baja con el nombre de respiración diafragmática, ventral o abdominal. En realidad nos estamos refiriendo a
la misma. Esta respiración es muy bene-
ficiosa, supera a la media y a la alta, y es
una de las que más recomendamos para
poder lograr diferentes estados de relajación psicosomática. La cantidad de aire
que ingresa es mucho mayor, debido a
que se trata de inhalar desde la parte más
baja del abdomen, relajando los músculos
abdominales al inhalar y contrayéndolos al
exhalar. Por lo general es muy recomendada por los médicos para relajar el sistema nervioso.

d. A la llamada respiración completa también se le conoce como Respiración
Completa Yogui, ya que esta respiración
involucra los tres segmentos de nuestros

pulmones, que serían la parte alta, media y baja. De esta manera el aprovechamiento del oxígeno incorporado es mayor, además de conseguir un mejor trabajo físico, pues involucra una mayor cantidad de órganos y visceras, lo que produce una especie de masaje interno que facilita un mejor rendimiento y armonía.

3. La gimnasia cotidiana

La gimnasia o el movimiento de nuestro cuerpo es fundamental. En mi caso particular puedo hablarles de los beneficios que produce la gimnasia yoga, logrando una mayor flexibilidad ósea y muscular. Le da a nuestro cuerpo la tonicidad que precisa sin estar hipertensos o hipotensos; es decir, lograr una integración psicofísica que nos permita un aprovechamiento de nuestras potencialidades. Es muy importante cuidar nuestra "casa de carne" porque es la que facilita la expresión de todo lo que somos en cada momento. No es menos cierto decir que la psique influye en el soma, como el soma en la psique. Cualquier gimnasia que vaya acorde a lo que necesitamos y deseamos, es la que nos servirá.

4. El pensamiento positivo

Los pensamientos positivos son muy beneficiosos no sólo a nivel de salud, sino también en muchos aspectos de nuestra vida. Es indudable que nuestras representaciones o ideas, sobre todo las inconscientes influyen continuamente en nuestras conductas. En su libro "Cuentos para regalar", el psicólogo Enrique Mariscal nos relata la historia de dos ratitas que habían caído en un viejo tarro metálico, con leche hasta la mitad (medio lleno o medio vacío, según la actitud con que lo miren). Para salvarse, las ratitas comenzaron a nadar y se dice que tenían buen estilo. Una de ellas comenzó a sentirse muy mal y desesperándose, no viendo posibilidad de escape, empezó a decirle a su compañera: [2]

— "Esto no me gusta, hermana.
De aquí no salimos."
— "Cállate y sigue nadando",
respondió la optimista.
— "Sí, mucho silencio y
¿qué hacemos nadando?"
¿Adónde vamos a ir? Esto es
una fatalidad, no va, no va".
— "Cállate y sigue nadando".
— "Eres una rata sin fundamento.
¿Qué vas a conseguir?"
— "Cállate y sigue nadando".
— "Esto es ridículo. Es
gastarse inútilmente.
No, no, no..."
— "Cállate y sigue nadando".
La ratita pesimista se agotó, más por par-

lotear que por nadar. Se hundió en el tarro y se ahogó. La optimista continuó nadando. Nadó tanto que la leche, por el batido, se transformó en mantequilla consistente. Dio un salto y pudo salir del tarro.

Este cuento nos deja un excelente mensaje sobre dos visiones o interpretaciones del mundo: la optimista y la pesimista.

5. La meditación

La meditación es tan importante como respirar o comer. Me parece fundamental que podamos incorporarla a nuestra rutina diaria como si fuera una necesidad vital. Como sabemos, existen diversos métodos y técnicas para poder meditar; tendríamos que ver cuál de estos es el que se adecúa a nuestra personalidad y a partir de ahí darnos nuestro tiempo diario, como para poder adentrarnos en las profundidades de nuestro ser. En las páginas posteriores haremos descripciones más profundas sobre la meditación y los beneficios que la misma produce.

Después de establecer contacto con el yoga, comencé a revisar muchos aspectos de mi vida; uno de estos fue la alimentación. Junto con mi esposa, me dediqué a investigar la importancia de ciertos alimentos y la influencia que los mismos podían ocasionar a nivel psíquico y somático. Otro de los temas que profundicé fue el de la respiración, tratando de aprovechar la máxima capacidad respiratoria y los beneficios que la misma me podría aportar. Por supuesto que investigar sobre el papel preponderante del pensamiento en nuestras vidas, es el tema que más me ha apasionado.

Leyendo al sabio Krishnamurti, y entre los muchos ejemplos e historias que cuenta para poder despertar nuestra "alerta percepción", quisiera resaltar su visión sobre que el ser humano no percibe con claridad. La percepción que podemos tener ante un animal muy peligroso, un abismo o cualquier situación que podría ocasionarnos la muerte o alguna lesión grave, no es la misma que tenemos respecto a nuestro mundo interior. Krishnamurti nos dice que si nos encontramos con una cobra (reptil muy venenoso) seguramente al percibirla actuaremos de forma inmediata, ya sea saltando o corriendo. Sin embargo, no alcanzamos a percibir nuestra serpientes psíquicas (imágenes y pensamientos destructivos). En la medida en que no percibamos la peligrosidad que puede haber en nuestro mundo psíquico, no actuaremos en consecuencia.

Recuerdo una de las frases del emperador romano Marco Aurelio que decía: "Nuestra vida es como la hacen nuestros pensamientos", frase que me hizo pensar en que, tal como dice Eknath Easwaran en el libro "Palabras

En la medida en que no percibamos la peligrosidad que puede haber en nuestro mundo psíquico, no actuaremos en consecuencia.

para vivir", muchas veces nuestra mente se queda atascada como las púas de los viejos tocadiscos. [3] Por la repetición de viejas ideas quedamos atrapados en condicionamientos, que son muy difíciles de disolver.

El escritor estadounidense Thomas Harris nos brinda un hermoso ejemplo que habla sobre lo dicho anteriormente: [4]

Es fundamental que el propio pensamiento pueda percibir qué hay en sí mismo y hacer uso del pensamiento sólo cuando sea considerado necesario.

ACTO PRIMERO

("En casa de la pareja")

(La esposa ha cocinado un hermoso jamón al horno para su marido, por primera vez).

ÉL (lo prueba) - Está exquisito. ¿Para qué le cortaste la punta?

ELLA - El jamón al horno se hace así.

ÉL - Eso no es cierto, yo he comido otros jamones asados y enteros.

ELLA - Puede ser, pero con la punta cortada se cocina mejor.

ÉL - ¡Es ridículo! ¿Por qué?

ELLA (duda) - ...Mi mamá me lo enseño así.

ÉL - ¡Vamos a casa de tu mamá!

ACTO SEGUNDO

(En casa de la madre de ella)

ELLA - Mamá, ¿cómo se hace el jamón al horno?

MADRE - Se le adoba, se le corta la punta y se mete al horno.

ELLA (a ÉL) - ¡Viste!

ÉL - Señora, y ¿para qué le corta la punta?

MADRE (duda) - Bueno... el adobo... la cocción... ¡Mi madre me lo enseñó así!

ÉL - ¡Vamos a la casa de la abuela!

ACTO TERCERO

(En casa de la abuela de ella)

ELLA - Abuela, ¿cómo se hace el jamón al horno?

ABUELA - Lo adobo bien, lo dejo reposar tres horas, le corto la punta y lo cocino a horno lento.

MADRE (A ÉL) - ¿Viste?

ELLA (A ÉL) -¿Viste?

ÉL (porfiado) - Abuela, ¿para qué se le corta la punta?

ABUELA - Hombre, ¡le corto la punta para que me pueda entrar en la asadera! Mi horno es tan chico que...!"

(Cae el telón)

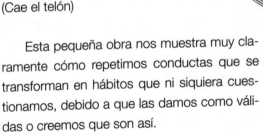

Esta pequeña obra nos muestra muy claramente cómo repetimos conductas que se transforman en hábitos que ni siquiera cuestionamos, debido a que las damos como válidas o creemos que son así.

Eric Berne en su libro ¿"Qué dice usted después de decir hola? [5], nos explica que "cada persona decide en su primera infancia cómo vivirá y cómo morirá". A ese plan que lleva en su cabeza le llama guión. Hay guiones teatrales y guiones vitales, y entre estos existen muchas conexiones y similitudes. El guión teatral es el usado en las obras de teatro y el guión vital se origina en la programación paterna. Como vemos, Eric Berne habla de programación paterna, pero en realidad la programación está compuesta por ideas e imágenes que fueron aceptadas sin ningún tipo de elaboración ni crítica pertinente.

Podemos comenzar a entender y comprender que nuestro mundo mental se basa en la repetición y mecanicidad. Necesitamos, por ende, la utilización de otro instrumento que nos permita salir de esa prisión de ideas en las que de alguna manera nos encontramos todos.

Hay un viejo cuento oriental relatado por el autor Ramiro A. Calle [6] que se llama "La paloma y la rosa". Este narra que en un bello templo de la India se había introducido una paloma. Todas las paredes estaban cubiertas con espejos y en estos se podía reflejar la imagen de una flor que estaba en el centro del templo, en el santuario. La paloma se abalanzó sobre la supuesta rosa una y otra vez golpeándose violentamente contra las paredes adornadas de espejos. Tomó las imágenes de la rosa por la rosa misma, por lo que terminó muy lastimada, hecho que le produjo su muerte. El cuerpo de la paloma quedó tendido sobre la rosa. Este cuento nos permite hacer una reflexión y entender que el ser humano, por la ignorancia, puede muchas veces comportarse como la paloma, buscando la felicidad en espejismos, que lo conducen hacia la autodestrucción.

Si volvemos a la pregunta del principio: ¿Puede el propio pensamiento percibir su enredo y peligrosidad? Diremos: es fundamental que el propio pensamiento pueda percibir qué hay en sí mismo y hacer uso del pensamiento sólo cuando sea considerado necesario.

Tomando como ejemplo la analogía que hace el maestro Osho en su libro "Dang, dang, doko dang", si no sentimos en carne propia que la casa se nos está quemando [7], es muy raro que querramos escapar de allí. Vivir el sufrimiento que nos ocasionan los pensamientos tóxicos, nos lleva a desprendernos de ellos. Generalmente intelectualizamos nuestro sufrimiento y de esa manera amortiguamos la herida que podría dejarnos, pero por otro lado evitamos sentirlo y vivenciarlo en su totalidad. Si lo pudiéramos sentir en su totalidad, sin ningún tipo de racionalizaciones o intelectualizaciones, actuaríamos en consecuencia. ¿Cómo soltamos un trozo de carbón caliente de nuestras manos?, lo soltamos, como dice Eckhart Tolle en su libro "El poder del ahora", dándonos cuenta de que no queremos sufrir, dejándolo caer. [8]

Creo que cargamos con muchos pensamientos tóxicos porque no tenemos una pro-

Vivir el sufrimiento que nos ocasionan los pensamientos tóxicos, nos lleva a desprendernos de ellos.

funda o verdadera percepción del peligro que estos encierran. Es como si nos pusiéramos a jugar con una bomba sin saber que al tocarla se corre el riesgo de que explote en cualquier momento. Al no medir los riesgos seguiremos jugando hasta que ocurra lo más terrible.

Generalmente actuamos con mayor inteligencia ante algún peligro que se suscite en el mundo exterior y esto se debe a que siempre dirigimos nuestra percepción hacia afuera. Orientamos la percepción en el ver, oír, oler, tocar, degustar lo que nos rodea y no nos enfocamos en nuestras propias emociones, sentimientos o pensamientos. Hay que empezar a mirar más hacia adentro y así conocernos un poco más cada día. Cuando el pensamiento deje de generar distorsión a la percepción, pasaremos de una percepción fragmentada o incompleta a una percepción holística o total, donde el pensamiento habrá dejado de moverse o desplazarse como un simio, generándose una quietud.

Todo esto nos da lugar a una pregunta: ¿Cuáles son los instrumentos esenciales del autoconocimiento?

Hay que empezar a mirar más hacia adentro y así conocernos un poco más cada día.

Referencias bibliográficas

[1] Armando Clavier, "Aproximación a Krishnamurti". Editorial Kier. Año 1978.

[2] Enrique Mariscal, "Cuentos para regalar a personas inteligentes". Dpto. Editorial del Estudio Enrique Mariscal. Año 1997.

[3] Eknath Easwaran, "Palabras para vivir". Editorial Atlántida. Año 1994.

[4] Jorge Bucay, "Cartas para Claudia". Editorial del Nuevo Extremo S.A. Año 1997.

[5] Dr. Eric Berne, "¿Qué dice usted después de decir "hola"?". Grijalbo. Año 1994.

[6] Ramiro A. Calle, "Recobrar la mente". Editorial Urano. Año 1991.

[7] Osho, "Dang, dang, doko dang". Editorial Kairós. Año 1999.

[8] Eckhart Tolle, "El poder del ahora". New World Library. Año 2000.

Capítulo 4

La percepción y la atención: instrumentos esenciales en el autoconocimiento

Eₙ EL CAPÍTULO ANTERIOR NOS HABÍA QUEDADO PENDIENTE UNA PREGUNTA QUE VERSABA SOBRE LOS INSTRUMENTOS ESEN-CIALES DEL AUTOCONOCIMIENTO. Para eso es menester tener en cuenta dos herramientas que para mí son muy significativas: la atención y la percepción.

Existe una vieja historia oriental en donde se cuenta que había una casa a oscuras y el dueño no se encontraba. Entraron ladrones, como vieron que nadie llegaba a la casa, se acercaron los hermanos de los ladrones y luego los primos. De pronto el dueño volvió y encendió la luz de la casa, y la muchedumbre que la habitaba provisoriamente huyó de inme-diato. En esta historia la casa representa a la psique, los ladrones y los primos serían los pensamientos, mientras que la luz encendida con la vuelta del dueño equivaldría a la aten-ción y la percepción.

Mediante la llama de la atención comenzaremos a dar luz a este mundo de ignorancia y oscuridad.

El ser humano vive en un mundo de sombras, llevado de un lugar a otro por una madeja de ideas; prácticamente viviendo un sueño eterno. En general, cuando nos levantamos en la mañana decimos: "recién me desperté", pero lo que en realidad hacemos es pasar del sueño que se había establecido cuando estábamos dormidos, al ensueño de vigilia que está conformado por ese mundo de imágenes, ideas y pensamientos. Resulta obvio que no es muy complicado pasar del sueño que se produce al dormirnos, al ensueño de la vigilia. Dado que eso se genera muy naturalmente, podríamos llamarlo el primer despertar. Queda claro que no efectuamos ningún tipo de esfuerzo entre el pasaje de un estado al otro. Sin embargo, es necesario producir un segundo despertar para poder romper las ataduras que tenemos en el ensueño de la vigilia.

El maestro de la India Osho cuenta en el libro "Tao los tres tesoros" que Chuang Tse [1], discípulo de Lao Tse (fundador del Taoismo), tuvo un sueño en el que se había convertido en una mariposa que revoloteaba e iba volando de flor en flor. Cuando se despertó a la mañana siguiente se encontraba muy triste. Sus discípulos le preguntaron qué le pasaba, pues nunca lo habían visto en ese estado. Chuang Tse les dijo que se encontraba en un dilema que, por el momento, no podía ser resuelto. Los discípulos estaban muy extrañados, ya que nunca habían visto problema que el maestro no hubiese podido resolver. En ese momento Chuang Tse les narró lo siguiente: "Anoche he soñado que me había convertido en una mariposa y que iba de flor en flor por el jardín". Los discípulos se rieron y le dijeron que era solamente un sueño –como si fuera algo carente de importancia– pero Chuang Tse les dijo: "En este momento se me presenta una duda, en la que me pregunto: si Chuang Tse pudo soñar que se convertía en una mariposa, ¿por qué la mariposa no pudo soñar que se convertía en Chuang Tse?"

La pregunta es: ¿quién es quién? Los seres humanos estamos como atrapados en una pantalla donde se van proyectando nuestros sueños, fantasías, imágenes... Mediante la llama de la atención comenzaremos a dar luz a este mundo de ignorancia y oscuridad. Esa oscuridad o mundo de sombras se pone continuamente de manifiesto.

Hace un tiempo salí de paseo con mi esposa y mi hijo a un centro comercial. Decidimos divertirnos con los juegos electrónicos; no sé si fue por casualidad que nos detuvimos ante lo que se llama un "simulador de vuelo". Realmente teníamos muchos deseos de entrar a esa nave que prometía adentrarnos en el espacio. Una vez allí se encendió una pantalla similar a la de un cine, muy cerca de nosotros, y la nave comenzó a moverse. Mientras tanto, se desplazaban imágenes velozmente en la pantalla, del mismo modo que se movía la nave. El centro de mi pecho o plexo solar se iba contrayendo cada vez más, hasta que escuché la voz de mi esposa Viviana que me decía: "Cierra los ojos que las sensaciones son prácticamente inexistentes". Cerré los ojos y pude confirmar, con muchísimo placer, el gran descubrimiento de mi cónyuge; tuve solamente pequeñas sensaciones. No necesité seguir cerrando los ojos, sólo bastaba con un pequeño desvío de la atención y la no-identificación con la imagen y el sonido para que dejara de experimentar las molestias que me causaban las imágenes proyectadas en la pantalla.

Es importante diferenciar una atención de índole fragmentaria o parcializada, que se identifica con el objeto o lo observado, de una atención integral u holística, donde no hay identificación con el objeto atendido. La atención parcializada de manera continua se puede tornar en lo que llamo hiperatención o exceso de atención, lo que conduce muchas veces a estados patológicos. La hiperatención consiste en la focalización exclusiva en: alguna idea o ideas, sentimientos, objetos o situaciones donde la atención se identifica con lo observado o atendido, y sucede que lo observado se va alimentando cada vez más con la atención prestada.

En el libro "Ante el vacío existencial" el psiquiatra vienés Viktor E. Frankl [2], creador de la logoterapia (método de tratamiento psicoterapéutico que está centrado en la búsqueda del sentido), habla del caso de una señora que va a la consulta por sentirse aquejada por frigidez. Esta persona, "cada vez que tenía un contacto íntimo con su compañero se ponía al acecho", tratando de afirmar y ejercer su femineidad. Con esta conducta arruinaba la posibilidad del orgasmo, en la medida en que la atención estaba plenamente dirigida al acto sexual en sí, incapacitándose para entregarse totalmente a él.

Viktor Frankl le dijo a la paciente que no disponía del tiempo como para poder comenzar un tratamiento y fijó la próxima consulta dos meses más tarde. Hasta entonces le dijo que no debía preocuparse ni por su capacidad ni incapacidad de orgasmo –punto sobre el que volverían a ocuparse a fondo cuando se iniciara el tratamiento–, sino que en el acto sexual concentrara la atención en su pareja. La paciente volvió, no a los dos meses, sino a los dos días para comentarle que por primera vez había llegado al orgasmo. Bastó que dejara de fijar la atención en sí misma, para que se produjera su orgasmo. Para Frankl esta paciente "había sido víctima de una intención de orgasmo forzada al máximo", a la cual denomina hiperintención. A ello se añade lo que en logoterapia se denomina hiperreflexión, que sería "una dirección y encauzamiento de la atención, al acto sexual mismo". La hiperintención, más la hiperreflexión en dicha paciente, la condujeron a un círculo vicioso del cual le resultaba imposible salir. Frankl dice también que muchas veces comprobó, "que para solucionar un síntoma lo único que se requiere es disolver la atención focalmente centrada en dicho síntoma". En definitiva, es como ocurrió con esta paciente. Si retomamos lo mencionado al comienzo en relación a la atención parcializada o más precisamente a la hiperatención, veremos que es muy similar a la conceptualización que hace Frankl y los peligros que la misma puede ocasionar.

Hay otro tipo de atención que se caracteriza por no ser exclusiva; es decir, que no se deposita exclusivamente en algún objeto, idea o lo que fuere, con exclusión del resto, sino que es inclusiva, dado que tiene la condición de integrar todo sin rechazar nada. A decir verdad, Krishnamurti tiene muy bien en cuenta la atención, haciendo una clara distinción entre lo que considera atención exclusiva o focalizada –que la podríamos denominar concentración– y la atención inclusiva u holística, que se caracteriza por la integración y la no parcialización.

El maestro oriental Dhiravamsa [3], en su

libro "La vía del despertar" nos dice: "Cuando observas la mente con ideas, conocimientos y puntos de vista, no puedes ver su fin. Pero si la contemplas con una atención plena, sin cubrirla con opiniones, dejándolo todo a un lado, abriéndote a ti mismo para ver la mente"..., "obtienes el poder del control sin hacer esfuerzo alguno para controlar la mente"... "La atención, conciencia y comprensión son los factores básicos para desarrollar la visión profunda de la realidad".

El escritor Ramiro A. Calle [4], pionero de la enseñanza del yoga en España, en su libro "El punto de quietud", habla de la atención como la luz de la mente. Considera a la atención ordinaria como impura, debido a que se encuentra muy "contaminada por toda suerte de interpretaciones personales, descripciones, condicionamientos y acumulaciones".

Encontramos tres momentos de la atención: un estado de completa inatención, otro momento de atención parcializada y la atención total o plena.

En el estado de completa inatención hay un despliegue de toda nuestra mecanicidad y condicionamientos. Este me parece, es un lugar de oscuridad plena. El maestro espiritual ruso George Ivanovitch Gurdjieff decía que los seres humanos somos máquinas (mecánicos y condicionados) que tenemos mecanismos que se desarrollaban mas allá de nuestra voluntad, hasta tanto no se genere un centro magnético; es decir, una especie de eje central.

Otro momento es el de la atención parcializada, en donde, si bien existe una mínima cuota de lucidez, la misma no alcanza como para romper con viejas estructuras, modelos y patrones que nos conducen de un lugar a otro sin poder evitarlo. Como mencionaba anteriormente, esta atención a veces se convierte en hiperatención parcializada y puede ser en muchos de los casos, la que conduce a distintas patologías o enfermedades.

Sin embargo, hay otro momento: el de la atención total o plena, que libre de máculas o manchas, posibilita poder salir de la oscuridad psíquica, llevándonos a una manera distinta de percibir. Por lo tanto, una forma diferente de percibir nos guiará a producir diversos cambios que afectarán nuestra personalidad y comportamiento.

Cuando la percepción está distorsionada, más precisamente obnubilada por ideas, interpretaciones, prejuicios, etc. nos puede arrastrar hacia lo peor. Esto me hace recordar un hermoso cuento llamado "El mono salvador". [5]

"Había un mono corpulento, forzudo y egolatra. Se jactaba de ser un buen nadador. Se acercó a un río caudaloso y se lanzó a las aguas dispuesto a llegar hasta la otra orilla. La corriente, que no entiende de primates ni de soberbias, arrastró sin piedad al animal hasta una violenta y mortal cascada. El mono luchaba valientemente con las aguas pero pronto descubrió que era inútil todo esfuerzo y se entregó a su fatal destino, resignado. De pronto aparecieron en la correntada unas piedras salvadoras. El animal se trepó rápidamente con inmensa alegría. Era un milagro, un mensaje divino, no lo podía creer. Un profundo sentimiento de gratitud se despertó en su interior y quiso, desde entonces, ayudar, servir. Y quedó atento, mirando el río tormentoso y cada vez que veía pasar un pez lo sacaba de entre las piedras y el agua, ¡para que no muera ahogado como pudo haberle ocurrido a él! Todavía se le ve al mono salvador ayudando a peces a salir del agua. Para que no se los lleve la corriente".

Hay un dicho que dice: "El camino al infierno está empedrado de buenas intenciones". Como vemos en este caso puntual, el voluntarismo y la buena intención puede conducir a lo peor si no tenemos una clara percepción de lo que está sucediendo. Lo que pudo haber sido muy beneficioso para uno, no necesariamente lo es para los demás. En esta situación la "ayuda" le ocasionó la muerte a los peces.

La percepción holística o total se caracteriza por no ser algo exclusivamente personal o singular. Es aquella que pertenece a la huma-

Una forma diferente de percibir nos guiará a producir diversos cambios que afectarán nuestra personalidad y comportamiento.

El voluntarismo y la buena intención puede conducir a lo peor si no tenemos una clara percepción de lo que está sucediendo.

nidad entera, pero en realidad prácticamente no hacemos uso de la misma. Esta percepción se basa en la no-elección, la no-comparación, la no-parcialidad y fragmentariedad, se caracteriza por ser pasiva –si entendemos como pasivo el hecho de no querer modificar ni resistir aquello que se ha percibido–. Hay un viejo principio oriental que es el de la no-resistencia; esto implica la no-lucha, que no se debe confundir con la resignación.

Traigo a mi memoria una historia que titulé: "Las leyes del torero". En este caso muy particular, vamos a suponer que el torero no está armado y nadie puede ayudarlo, sólo su capa:

Primera Ley

En esta primera ley, el torero va a desarrollar una lucha encarnizada contra el toro. El torero trata de tomar los cuernos, de ponerle el pecho a semejante animal embravecido, pero lamentablemente sucumbe bajo su férula o poder. El torero no tiene energía suficiente como para poder restablecerse y es destruido por el animal.

Segunda Ley

En este caso, al creer que es imposible vencer al toro en esas condiciones, se resigna ante el animal, dejando que haga de él lo que quiera. Es evidente que la terrible bestia va a aprovechar esta posibilidad y va a destruir al torero.

𝕏 Tercera Ley

Habíamos dicho que el único elemento que poseía el torero era su capa. Bueno, en este caso, por medio de su atención percibe holísticamente cuando el toro lo ataca y cada vez que el mismo realiza un empellón, utiliza la capa para que el toro la tenga como supuesto blanco, corriéndose de ese ataque, que podría ser mortal si tocara su cuerpo. Son tantas e infinitas las veces que el torero usa la capa en todos los lugares posibles de ser investido, que el toro va perdiendo cada vez más su energía, hasta quedar sin ningún movimiento, cansado, por tamaño despliegue. El torero, plenamente atento ante la posibilidad de nuevos embates, cuida su energía al máximo posible. En ningún momento sufre herida alguna, solamente dejó que la misma fuerza que llevaba el toro pudiera nacer, crecer, desarrollarse y morir sin ningún tipo de impedimentos. Esto produjo, prácticamente sin esfuerzo alguno, el agotamiento de su oponente.

En esta metáfora de "Las leyes del torero", la Primera Ley representa la lucha o resistencia que tenemos hacia los hechos de la vida, que nos conducen, en la mayoría de los casos, a peores situaciones. La Segunda Ley hace referencia a la resignación, que a veces se confunde con la Tercera Ley. Cuando actuamos resignados, nos domina un estado de mucha negatividad y vemos nuestro futuro tan negro, que encontramos imposibilidad en todo lo que realicemos o vayamos a realizar. El rasgo más importante de la Tercera Ley, es el de la no-lucha, sin que por ello haya resignación. Como vimos en el ejemplo es muy importante la actitud a tomar ante el toro. Se tratará de economizar el gasto de energía. De esa manera, si bien el animal puede ser más poderoso, con una estrategia adecuada él mismo agotará toda su energía. Quiero dejar en claro que el toro puede representar al miedo, la angustia, los hábitos nocivos, las preocupaciones, las ansiedades, las obsesiones.

Volviendo a la percepción holística, la no-resistencia representa un papel harto preponderante, debido a la no-elección y a la no-fragmentación, que son los otros elementos que la componen. Mientras elija una parte en favor de otra, ya en ese momento hay resistencia. Es obvio que me estoy refiriendo a las partes que conforman nuestra mente, dado que si tengo que elegir entre un suéter de un color u otro, la elección –si bien es necesaria– no presenta mayores inconvenientes. Cuando opera la percepción holística también cambia el eje y nos sentimos más centrados sin querer centrarnos. Es como el centro de los rayos de una bicicleta, desde ese lugar la perspectiva es diferente.

Recuerdo que en un viaje a Puerto Rico (lugar al que me dirijía para dar unos talleres sobre la psicomeditación) al llegar al aeropuerto de Ezeiza en Buenos Aires, el tiempo no era muy favorable que digamos. En realidad, llovía copiosamente y parecía que había oscurecido a pesar de no ser aún de noche. Comenzamos el despegue hacia la isla caribeña, y a medida que el avión ganaba más altura, se vislumbraban pequeños rayos solares que atravesaban espesos nubarrones que, poco a poco, iban desintegrándose. Al llegar aproximadamente a diez mil metros de altura, comencé a sentir en mi rostro la fuerza de una luz que me obligó a mirar de dónde provenía. Al dirigir mi atención hacia la ventanilla del avión descubrí, con grata sorpresa, un cielo inmaculado, con el sol resplandeciente. En ese instante me surgió una estrofa de la canción de la cantante Marilina Ross, que decía: "Aunque no lo veamos el sol siempre está".

Entonces podremos decir que la percepción fragmentada, es sólo la percepción de una parte –en este caso los nubarrones– sin tener en cuenta la totalidad. En la percepción holística se puede percibir, por un lado la claridad del cielo, y por otro, la zona cubierta de nubes.

Hay una vieja historia a la que recurro para

La percepción holística o total se caracteriza por no ser algo exclusivamente personal o singular. Es aquella que pertenece a la humanidad entera.

El hecho de tomar distancia nos permite entender mejor las cosas.

ejemplificar estas cuestiones. Trata sobre una señora que subió un día a la terraza de su casa con unas gafas puestas. Comenzó, en su soliloquio, a criticar las ropas de las vecinas diciendo que las sábanas de fulanita estaban con una raya de suciedad en el medio. Siguió criticando los manteles de otra vecina porque nuevamente en el medio había como una gran raya de suciedad... y así lo hizo con varias. Siempre estaba la raya de suciedad en distintas prendas. De repente se acercó a ella una vecina, que vivía en el mismo edificio y mirándola muy atentamente le dijo: Doña, ¿cómo hace para ver con esas lentes que tienen esa raya negra en el medio?

Cuando nuestra percepción se agudiza, van cayendo muchas de nuestras ataduras sin ningún tipo de esfuerzo. Al tener más luz, la oscuridad está obligada a retirarse. Generalmente solemos tener ideas sobre el mundo en que vivimos. A esas distintas formas en que podemos pensar el mundo es lo que algunos les llaman modelos o paradigmas. Puede que no nos demos cuenta, pero están ahí. El hecho de poder darnos cuenta de nuestros propios paradigmas o modelos, nos permitiría recordar que sólo son nuestros propios paradigmas. Este paso nos serviría, asimismo, para poder abrirnos a diferentes modelos y formas de pensar.

Algunos astronautas han comentado la

experiencia de percibir el planeta Tierra desde la Luna y la sensación de ser todos uno. Pero estando dentro de la Tierra, la percepción no era la misma que tuvieron a la distancia. Por lo tanto, el hecho de tomar distancia nos permite entender mejor las cosas. Si alguna vez tratáramos de aproximar nuestra nariz lo más cercanamente posible frente al espejo para poder mirarnos, notaríamos que la percepción no va a ser muy clara. Pero si retiramos el rostro del espejo y nos ponemos a unos diez o veinte centímetros (cuatro a ocho pulgadas), nuestra percepción se tornará más luminosa. Tomar distancia, o producir la separación interior [6], como nos señala el Dr. Maurice Nicoll en el libro "Comentarios psicológicos sobre las enseñanzas de Gurdjieff y Ouspensky", implica aprender a no apegarnos o identificarnos con el cuerpo, pensamientos, sentimientos e imágenes. Por lo tanto la atención integral, como la percepción holística, son elementos indispensables en la psicomeditación.

Es por eso que nos cabe la pregunta: ¿Qué es la psicomeditación?

Referencias bibliográficas

[1] Osho, "Tao los tres tesoros". Editorial Mutar. Año 1991.

[2] Viktor E Frankl, "Ante el vacío existencial". Editorial Herder. Año 1984.

[3] Dhiravamsa, "La vía del despertar". Editorial Los libros de la liebre de Marzo. Año 1996.

[4] Ramiro Calle, "El punto de quietud". Editorial Edaf. Año 1992.

[5] Enrique Mariscal, "Cuentos para regalar a personas iinteligentes". Dpto. Editorial del estudio Enrique Mariscal. Año 1997.

[6] Dr. Maurice Nicoll, "Comentarios psicológicos sobre las enseñanzas de Gurdjieff y Ouspensky". Editorial Kier. Año 1987.

Capítulo 5

¿Qué es la psicomeditación?

PSICOMEDITACIÓN ES UN NOMBRE QUE HE UTILIZADO CON EL OBJETIVO DE UNIR LO QUE A MI CRITERIO SON DOS CONCEPTOS CLAVES: PSICO, QUE ESTÁ VINCULADO DIRECTAMENTE CON LA PSIQUE –MENTE, ALMA, ÁNIMA– Y MEDITACIÓN. Esta última, en occidente se traduce como pensar o reflexionar sobre algo; en oriente algunos la vinculan con un estado de éxtasis; otros con la posibilidad de autoconocimiento.

La psicomeditación implica investigar, no sólo reflexivamente sobre la psique humana, sino también poder profundizar en otro lugar, donde el poder de la palabra y de la imagen carecen de valor. Es la posibilidad de adentrarse en lo inexplicable o inefable. Con la psicomeditación buscamos integrar diferentes concepciones sobre el alma o psique del ser humano, tratando de arribar a una posición que las contenga. Esto se puede apreciar con mucha claridad en el taoísmo, más precisamente en el Tai Chi o Culminación Suprema donde tanto el yin (principio femenino) como el yang (principio masculino) funcionan como opuestos y complementarios.

TAO

representado por el círculo exterior

JOVEN IANG

INN

IANG

JOVEN INN

TAI-CHI
(oposición dialéctica)

Para los taoístas, el Tao es lo indefinible, Lao Tse dice en el Tao Té King: el Tao que puede ser nombrado Tao, no es el verdadero Tao. El Tao es lo innombrable, "Sin nombre es el principio del cielo y de la tierra y con nombre es la madre de todas las cosas".[1] Por lo tanto, la unidad se divide en dos y daría lugar al Tai-Chi o Culminación Suprema, donde se percibe la dialéctica Yin-Yang. No hay un elemento totalmente Yin ni tampoco íntegramente Yang. En cada uno se encuentra el opuesto, donde se produce una unidad en la diversidad.

Siguiendo a David J. Sussmann, en su libro *¿Qué es la acupuntura?*, podemos encontrar diversas clasificaciones de Yin y Yang:

"INN O YIN"	"IANG O YANG"
Frío	Calor
Oscuridad	Luz
Invierno	Verano
Noche	Día
Femenino	Masculino
Agua	Fuego
Materia	Energía
Soma	Psiquis
Reposo	Movimiento

En la Psicología Junguiana se ve con claridad la influencia oriental en la búsqueda de integración de los opuestos. El Psiquiatra Carl G. Jung [2] nos habla de cuatro funciones mentales:

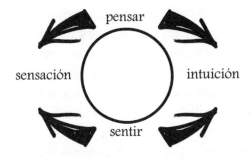

Es obvio que estas funciones mentales están en movimiento. Además, a estas funciones se les agregan dos actitudes que son: la introversión y extraversión. Por lo tanto, la combinación sería un pensar introvertido o extravertido, un sentir extravertido o introvertido, y así sucesivamente.

Esta concepción Junguiana nos dice de una diversidad en la personalidad humana que conlleva una unidad. Esta unidad de los opuestos, en el caso de Jung sería en el Self que representa el centro de la psique, donde encontraríamos la individuación (lo no fragmentado o no dividido). Si lo vemos desde la física cuántica, [3] la materia misma se comporta por momentos como corpúsculo y por momentos como onda, dependiendo del observador. El hecho de su presencia y la forma en que sea percibida la materia, hará que se comporte de una u otra manera.

La psicomeditación es una forma de vida que nos permite armonizar nuestro ser, produciendo una comunión entre los pensamientos, las imágenes, los sentimientos y las acciones. Existen diversas maneras para nombrar el propósito de la meditación, tales como Nirvana, Satori, Moksha, Samadhi, Conciencia Cósmica y otros. En el libro "Sobre la psicología de la meditación", Claudio Naranjo y Robert Ornstein clasificaron la meditación en tres tipos:

CR El Sistema de Meditación Concentrativo se caracteriza por la capacidad de reducir la atención a un único foco, haciendo exclusión del resto. Existe un único objeto de concentración.

CR El Sistema de Meditación Contemplativo es precisamente el opuesto al Sistema de Meditación Concentrativo. En lugar de tener un solo objeto de atención, con exclusión de los demás, se caracteriza por ser inclusiva; es decir, no se centra en un único objeto sino que la atención está dirigida a todo el fluir psíquico. De esta manera se produce una suerte de expansión, y no de concentración como la anterior.

CR El Sistema de Meditación Eliminativo o Negativo tiene la participación del espectador sin el espectáculo. Los contenidos psíquicos ya han desaparecido, aunque todavía permanece el espectador o testigo. En el Sistema de Meditación Concentrativo, cuando se elimina el único foco de atención, nos encontramos en el Sistema de Meditación Eliminativo, y cuando en el Sistema de Meditación Contemplativo dejamos de centrarnos en todo el fluir psíquico, nos hallamos en el Sistema de Meditación Eliminativo.

Tal como se muestra en "El manual de meditación cibernética de la conciencia" del Dr. Benito Reyes, hay un cuarto Sistema de Meditación que es el Método Aniquilativo. [4] Este método se situará más allá del espectador o testigo, que corresponde al Método Eliminativo. En el Método Aniquilativo, el espectador o testigo también desaparece; esto quiere decir que hasta la mente misma es aniquilada.

Si efectuásemos una síntesis de los cuatro métodos o sistemas de meditación enunciados, podríamos inferir que el Sistema Concentrativo se caracteriza por ocluir o cerrar; el Sistema Contemplativo, en extender o abrir; en el Sistema Eliminativo se vacían los contenidos mentales; mientras que en el Aniquilativo, es la mente quien se aniquila a sí misma.

Me gustaría enunciar otra clasificación que hace sobre la meditación el maestro Karlfried Graf Dürckheim en su libro "Meditar, por qué y cómo". Dürckheim toma a la Edad Media como referencia y menciona tres fases en el ejercicio:

Concentratio: Durante esta fase el meditante se va a concentrar en algo. Esta etapa se caracteriza por el esfuerzo que se pone en dicho ejercicio. Podríamos hablar de una actitud de la voluntad. Es cansador y requiere todo un trabajo. A través de la voluntad y el esfuerzo se consigue volver a sí mismo, devenir uno, "soltar presa e instalarse en el hara (centro de energía vital que se encuentra localizado tres dedos por debajo del ombligo)".

Meditatio: "Quiere decir estar situado en su medida", o sea "estar situado en su centro".

"Esta fase alcanza la cima cuando se siente la respiración, como eso respira". Sería algo así como: "yo no soy el que actúa, algo actúa en mí". En el caso particular de la respiración, se va a experimentar como algo independiente que impone su propia ley al meditante.

🕉 **Contemplatio:** Representa una experiencia excepcional. Antes le llamaban "visión beatífica", los hindúes la denominan Samadhi; "el creyente dirá que la Presentia Dei se ha apoderado de él". Es la toma de conciencia de nuestro núcleo sobrenatural innato. Algo así como el "Ser sobrenatural que vive en nosotros".

No puedo dejar de mencionarles la descripción que hace el maestro de la India Osho sobre la meditación.[5] Existe un libro que se ha compilado sobre sus charlas o conferencias que se llama: "¿Qué es la meditación?". En éste señala cincuenta y cinco características en relación a la meditación, de las cuales desarrollaremos las que, según nuestro criterio, consideramos más significativas.

🕉 **Lúdica:** La meditación es algo divertido (de diverso), por eso la mente no podrá desmoronar tu meditación. Tómala como diversión y quedarás sorprendido.

Creativa: Hasta ahora hemos vivido siempre de la misma manera. La mente siempre repite lo antiguo, el pasado. La psique es una experta en eficiencia. Evidentemente, podemos lograr mayor eficiencia cuando ya hemos efectuado algo antes. Sin embargo, cuando aparece lo nuevo no se puede ser tan eficiente. Trata de ser menos eficiente y más creativo.

Conciencia: Cualquier cosa que hagas, no importa lo que sea, hazlo con profunda conciencia. Entonces las cosas pequeñas o triviales se van a transformar en sagradas. "No se trata de qué es lo que haces, sino de cómo lo haces". Se puede limpiar, planchar o cocinar como una máquina o con plena conciencia, haciendo de ese acto algo sagrado, hermoso.

Tu naturaleza: La meditación es tu propio ser, así que no puedes no tenerla. Lo que la mente puede lograr u hacer no es meditación. La meditación no consiste en lograr algo. En realidad no es algo que la mente pueda adquirir. Precisamente cuando la mente deja de ser, surge la meditación.

Inacción: Las ocupaciones son un medio de escape. Cuando uno está haciendo nada, la energía comienza su despliegue de la periferia al centro. La prisa y la impaciencia son algunos de los peores enemigos para el conocimiento propio. Occidente siempre ha puesto su atención en el mundo exterior y el bullicio. En Oriente se habla de hacer nada, de estar inactivo y de mirarse hacia adentro. Es obvio que necesitamos actividades para vivir pero, por ejemplo: movemos las piernas cuando tenemos la necesidad de desplazarnos; al quedarnos quietos el movimiento de las mismas no es necesario, sin embargo, las seguimos moviendo. Estamos tan acostumbrados a la acción, que la inacción nos resulta muy difícil.

Ser testigo: El comienzo de la meditación radica en separase de la mente y ser un testigo. Sé un testigo de tu mente sin hacer absolutamente nada para cambiarla o modificarla. A medida que puedas observarla, lentamente la misma comenzará a vaciarse de pensamientos, imágenes y sensaciones. No reprimas lo que aparezca en tu psique ni lo obstaculices, sé solamente un observador o testigo y permanece cada vez más distante de tu mente.

Un salto: La meditación es un salto, es pasar de haber vivido prisionero por las redes de la mente a comenzar a observarla y no caer atrapado en ella. Observa tus pensamientos, contémplalos, pero no pienses en ellos porque en ese instante dejarás de ser un testigo para involucrarte con la mente.

ℭ **Un experimento:** La meditación no se trata de algo dogmático, es una experiencia que se puede comprobar por sí misma. Las palabras que uno utiliza para poder describir la meditación se asemejan a un mapa, mientras que el experimento que uno realiza sobre sí mismo, es la posibilidad de desplazarse en el territorio propiamente dicho. Resulta obvio que el mapa nunca puede ser el territorio, aunque haga una perfecta descripción del mismo. Osho habla de no establecerse en credos ni dogmas, sino en la experiencia o vivencia de la meditación.

ℭ **Vacío:** Durante muchos años se ha estado en contra del vacío, como si la mente vacía fuese obra de lo demoníaco. Hacer nada no significa que se está vacío, ya que muchas ideas hablan en el interior, pero poco a poco y con paciencia infinita el cielo mental queda sin mácula, y las nubes de los pensamientos desaparecen. Es allí cuando uno comienza a adaptarse al vacío y al placer que produce. Lentamente el vacío es mucho más que vacío, implica plenitud. Al principio parece vacío y al final está lleno en su totalidad.

Inteligencia: La mente nos engaña las veinticuatro horas del día y uno contribuye a ello. La mente es un mecanismo que se caracteriza por la habilidad, pero no necesariamente por ser inteligente; funciona como un robot o máquina. Si tienes una vida monotemática o repetitiva y no la puedes dejar, es porque no puedes tomar distancia de ella. La inteligencia no es de la mente. Trata de hacer algo nuevo cada día y no le prestes atención a tu antigua rutina. Verás que no es nada sencillo hacer pequeños cambios, pero sí es posible. Recuerda que la meditación es inteligencia, es tu ser.

Comprensión: No es sentarse en silencio y repetir un mantra, sino poder comprender los sutiles dispositivos de la mente. Cuando se van desentrañando los mecanismos mentales, se produce una profunda toma de conciencia que no es producto de la mente. La meditación requiere de inteligencia y comprensión, no de las técnicas.

Unidad: "La meditación es unidad consciente", distinta de la unidad inconsciente que se puede producir en el éxtasis sexual, donde la conciencia se pierde.

Volver a casa: Hay dos planos en el hombre: el de lo mental y el de lo no mental; o bien el plano de estar en la periferia de tu ser y el plano de estar en el centro de tu ser. Poco a poco pasas de la periferia al centro y viceversa, como cuando entras y sales caminando de tu hogar. No te dices "estoy fuera de mi casa, ¿cómo puedo entrar?", sino que continúas entrando y saliendo. Sigues moviéndote continuamente en ambas direcciones. Armoniza lo interior y lo exterior. Estate en el mundo y a veces vuelve a casa.

Vivir alegremente: La vida no posee un propósito. La idea de propósito viene de la codicia. La vida es alegría y diversión, sin propósito alguno. La vida es su propio fin. Vive tu vida de una manera festiva y sin meta alguna.

La exposición de los diversos autores que reflejan, por decirlo de alguna forma, una mirada occidental y otros una mirada oriental, tienen muchos puntos en común. En realidad esta división que hacemos entre pensamiento oriental y occidental me parece que no tiene mucha razón de ser, debido a que estamos hablando de lo ecuménico o universal del pensamiento humano. Es a los fines de un mejor entendimiento en el orden de lo pedagógico que se hacen estas divisiones.

Hemos entrado en el tercer milenio y creo que se han hecho muchísimos descubrimientos científicos, inclusive desde que el hombre pisó la Luna el ser humano ha logrado muchos avances en materia espacial. Sin embargo, siento que es el momento de dirigir todo el potencial de investigación, recursos, posibilidades y conocimientos hacia el hombre mismo.

No sé si será el sufrimiento o el dolor humano el que nos lleve a buscar adentro, pero mientras sigamos atrapados en actitudes egocéntricas, va a ser muy difícil poder lograr un cambio. Generalmente nos interesa que el otro cambie y que, por supuesto, el mundo que nos circunda se adapte a nosotros. En estos momentos estoy recordando una vieja historia china que aborda, precisamente este tema. Se trataba de un príncipe chino que comenzó a recorrer sus comarcas para instaurar su presencia. Le resultaba muy difícil poder acceder a las mismas, debido a que los caminos estaban en muy malas condiciones y esto llevaba mucho sacrificio. Un día el príncipe ordenó matar a un millón de ovejas y el sabio del reino le preguntó para qué. El príncipe le respondió que era para colocar las pieles en los caminos que conducían a sus dominios, ya que estaban en malísimas condiciones. El sabio del reino, muy inteligente, le dijo al rey que en lugar de matar tantas ovejas, matara solamente una y con ella mandara a hacer unas hermosas sandalias para poder andar sobre cualquier tipo de camino. Es evidente que el mensaje era: "Cambiar uno mismo antes que querer cambiar lo que nos rodea".

Hay una escuela psicológica llamada Gestalt, más precisamente la Terapia Gestáltica —cuyo creador fue el doctor en medicina y psicoanalista alemán, Fritz Perls–, que encierra un conjunto de ideas que según mi parecer están muy vinculadas a la meditación. Por ese motivo decidí incluirlas en este libro. En realidad las ideas básicas de la Terapia Gestáltica (formuladas por Eric Marcus, discípulo de Fritz Perls), son las siguientes:

- ❧ Vive ahora. Ocupa el presente.
- ❧ Vive aquí, ocúpate de lo que está presente, no de lo ausente.
- ❧ Deja de representarte cosas. Experimenta la realidad.
- ❧ Deja de raciocinar innecesariamente. Es mejor probar y ver.
- ❧ Exprésate, en lugar de manipular, juzgar, etc.
- ❧ Entrégate al desagrado y al dolor como a la alegría.
- ❧ No aceptes ningún "debe ser" o "tener que ser" que no sean los tuyos propios.
- ❧ Asume la plena responsabilidad de tus acciones, sentimientos y pensamientos.
- ❧ Acéptate y acepta a los demás como eres y como ellos son.

La idea de la psicomeditación como una forma de incorporación de diferentes corrientes de pensamiento, nos habla de la posibilidad de unidad de los contrarios, de la complementariedad y de la integración de lo diverso. A veces imagino los dedos de una mano, cada uno con su propia especificidad y singularidad; sin embargo, la mano es el todo que los contiene. Siento que es muy necesario profundizar sobre la aceptación, [6] porque la aceptación de lo que realmente somos, nos permitirá comprender a los demás y ser menos críticos. Decía anteriormente que cada uno de los dedos de la mano presenta su propia individualidad, aunque pertenecen a la mano, que es la integración de los diferentes dedos. Los seres humanos somos como dedos, que pertenecemos a una unidad, pero muchas veces nos quedamos en las pequeñas diferencias y particularidades, olvidándonos de nuestro origen.

Ante las diversas situaciones o hechos que la vida nos trae a cada momento, generalmente tenemos tres maneras de actuar:

La lucha o resistencia: Nos oponemos ante lo que nos está sucediendo, resistiendo o luchando contra la situación. El gasto de energía es muy grande y, por supuesto, el grado de entendimiento es menor.

℞ La aceptación intelectual: Dejamos de lado la lucha u oposición ante los hechos, entendiendo intelectualmente lo ocurrido, sin haber alcanzado todavía una verdadera aceptación.

℞ La aceptación vivencial: La aceptación se produce no sólo en el área del intelecto, sino en la totalidad del individuo. Hay una aceptación en el pensar, sentir y actuar. Pasamos del entendimiento intelectual a la comprensión vivencial, produciéndose una verdadera liberación interior. Recordemos las sabias palabras de Krishnamurti: "La serena aceptación de lo que es, nos libera de lo que es".

Para ir poco a poco a las profundidades de nuestro ser, muchas veces podemos necesitar la ayuda de diferentes técnicas.

Una pregunta que surge es: ¿Qué técnicas se usan en psicomeditación?

Referencias bibliográficas

[1] David J. Sussmann, "Qué es la acupuntura". Editorial Kier. Año 1980.

[2] Carl Gustav Jung, "Tipos psicológicos". Editorial Sudamericana. Año 1994.

[3] Fritjof Capra, "El Tao de la física". Editorial Luis Cárcamo. Año 1987.

[4] Dr. Benito Reyes,"Manual de meditación cibernética de la conciencia". Editorial Errepar. Año 1992.

[5] Osho, "¿Qué es la meditación?" Editorial Humanitas. Año 1998.

[6] Antonio Blay, "Palabras de un Maestro" Ediciones Índigo. Año 1990.

CAPÍTULO 6

Distintas técnicas en
la psicomeditación

NUMEROSAS SON LAS TÉCNICAS QUE SE PUEDEN UTILIZAR EN LA PSICOMEDITACIÓN. Para su mejor comprensión, hemos hecho una clasificación ordenada de cada una de estas, con el desarrollo correspondiente.

Existe una amplia gama de técnicas utilizadas en la psicomeditación, pero es nuestro interés recomendar al querido lector, que trate de practicar o experimentar con alguna técnica hasta poder hacerla propia y disfrutar de los beneficios que la misma brinda. A veces, en nuestro afán de conocimiento, pasamos de una técnica a otra como quien cambia de camisa. Eso nos quita la posibilidad de adentrarnos en el conocimiento de la experiencia y, por ensayar varias técnicas, no vivenciamos ninguna.

Me parece importante que cada uno encuentre la técnica que más se ajuste a su personalidad y experimente con ella, estando muy alerta a qué tipos de cambios se producen. Si realmente siente que la técnica meditativa que está utilizando no encaja con usted, ese es el momento para experimentar con otra.

Hemos agrupado las técnicas de la siguiente manera:

Meditación enfocada en la respiración
a. Conteo de las respiraciones
b. Percepción de la respiración y
    seguimiento del ritmo respiratorio

Meditación del testigo perceptual u observador
a. Observación del cuerpo externa
    e interiormente
b. Observación de la mente
c. Observación del movimiento corporal

Meditación del silencio interior
a. Testigo silente
b. Observación de los
    intersticios mentales
c. Abandonar de raíz los pensamientos

Visualización proyectiva
a. Representar una cualidad positiva
b. Proyección del paisaje idílico
c. Visualización de la energía cósmica

Meditación Koan
a. Meditar sobre alguna pregunta

Meditación mántrica
a. Salmodear o verbalizar algún
   mantra (frase u oración)
b. Mantra intrapsíquico

Meditación visual
a. Meditación con un mandala (círculo)
b. Meditación tratakam
   (atención en algún objeto físico)

Meditación auditiva
a. Meditación nadam
   (atención en algún sonido)

Meditación del movimiento
a. Meditación con mudras (gestos)
b. Meditación con danza

Meditación sobre lo esencial
o analítica
a. Meditación sobre la vida
b. Meditación sobre el deseo
c. Meditación sobre la seguridad
d. Meditación sobre los cambios
e. Meditación sobre el amor y
   la compasión
f. Meditación sobre la muerte

Momentos previos a la psicomeditación

1. Momento oportuno
2. Lugar adecuado
3. Postura o posición que nos sea cómoda

ℂℛ Momento oportuno

No se recomienda practicar la meditación después de comer, dado que es de primordial importancia que el proceso digestivo finalice.

Es muy importante no ingerir alcohol o substancias que exciten el sistema nervioso.

Un buen momento del día para realizar la práctica meditacional puede ser en la mañana al levantarnos. Algunos aconsejan seguir el ritmo circadiano (ritmo diario de 24 horas), por lo tanto sugieren meditar al salir y al ponerse el sol. Cada uno verá en qué momento la puede hacer, sin exigencias y sin mayores esfuerzos.

Recordemos que el día tiene 1,440 minutos y es muy importante que dispongamos de algún tiempo para nosotros.

Con respecto a la duración de la meditación, queda al criterio personal. Algunos hablan de media hora y otros de un poco más, pero en definitiva cada uno tiene que ver cuál es el tiempo que necesita. Al repasar cada una de las técnicas meditativas daremos sugerencias sobre el tiempo de duración aproximado.

La constancia y regularidad de la práctica es importantísima.

✂ Lugar adecuado

Cada uno tratará de percibir qué lugar es el más adecuado o le brinda mayor sosiego espiritual. Para algunos puede ser debajo de la copa de un árbol, en su dormitorio o en su propia oficina. Es evidente que el lugar requiere por lo menos un máximo de tranquilidad donde podamos retirarnos a nuestro interior, sin preocuparnos por lo que está sucediendo en el mundo exterior.

Se necesita que el lugar tenga una temperatura agradable.

Podemos utilizar una esterilla, colchoneta o yoga mat, que se colocará sobre el suelo o también alguna manta gruesa, o algún taburete o silla que nos permita tener la cabeza y la columna bien erguidas.

ℭℛ Postura o posición
que nos sea cómoda

En Oriente se realizan posturas que se llaman Asanas y entre las más importantes están: la postura de Loto, ya sea completa o media Loto. En la postura del loto se entrecruzan las dos piernas montando la derecha sobre la izquierda y viceversa. Esta no es muy accesible para todos, por ese motivo podemos hacer la postura del Sastre que, como su nombre lo indica, es la utilizada por los sastres y consiste simplemente en cruzar las piernas, pero sin necesidad de entrecruzarlas como en la Loto.

Para nosotros, los occidentales, nos puede resultar más cómodo simplemente el sentarnos de manera erguida en una silla, taburete, etc. en completa quietud. Por lo tanto, está de más decir que no es necesario hacer posiciones orientales, pues nos basta con sentarnos en algún lugar tranquilo donde podamos estar con nuestra cabeza y espalda bien erguidas, en la mayor quietud posible.

No es muy aconsejable meditar acostados, debido a que lo más probable es que entremos en somnolencia o sopor y nos perdamos de estar plenamente conscientes durante el ejercicio. Esto no quiere decir que no se pueda realizar el ejercicio en esta posición, pero sabemos que al realizarlo tendremos una tendencia al sueño. Esto no perjudica al organismo, sino que inclusive lo ayuda para recuperarse, pero perdemos de vista nuestro objetivo primordial que es estar plenamente conscientes. En Oriente, cuando se realiza un ejercicio de meditación acostados se le denomina Savasana, que significa postura de cadáver. Nosotros la denominamos posición decúbito supino (boca arriba).

Desarrollo de las técnicas de psicomeditación

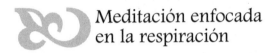

Meditación enfocada en la respiración

Este tipo de meditación está fundamentada en las técnicas de respiración o pranayamas, que los yoguis de la India vienen practicando hace muchísimos años. Hay una historia en la India que narra la existencia de un gran depósito de prana o energía cuando nacemos. Según los yoguis, de acuerdo a la rapidez o lentitud de nuestra respiración, consumiremos esa energía o prana. Si nuestra respiración se acelera o se agita mucho, incrementaremos el gasto de energía o prana y se nos irá acortando el tiempo de vida.

Conteo de las respiraciones

1 Nos ubicamos en la posición o postura más cómoda (no debemos olvidar que la columna se mantenga recta).
2 Intentamos que el cuerpo permanezca lo más quieto posible pero sin forzarlo.
3 Dirigimos la atención hacia la respiración y contamos 1 al inhalar, 2 al exhalar, 3 al inhalar, 4 al exhalar y así hasta llegar al 10.

Luego volvemos a comenzar hasta llegar al 10, volviéndolo a reiterar. Respiramos abdominalmente; al inhalar inflamos lentamente el abdomen y al exhalar lo contraemos.

4 Haremos este ejercicio respiratorio por un tiempo aproximado de 10 a 15 minutos.

❧ Percepción de la respiración y seguimiento del ritmo respiratorio

1 Nos ubicamos como realmente nos agrade.

2 En lo posible, trataremos de que haya cierta tranquilidad corporal.

3 Enfocaremos la mente en la respiración sin dirigirla, viendo que el ritmo respiratorio vaya a su propio antojo, sin controlarlo.

4 Seguiremos el movimiento abdominal de sube y baja con el ritmo respiratorio.

5 Nos mantendremos haciendo este ejercicio por un tiempo aproximado de 15 minutos.

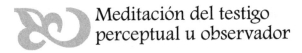

Meditación del testigo perceptual u observador

En Oriente se hace mucho hincapié en la importancia de la observación. Cuando hablan de observar o de ser testigo, se refieren a, simplemente, tomar conciencia de lo que se observa sin hacer nada al respecto. En Occidente suele confundirse o no comprenderse el rol de observador o testigo en la meditación, debido a que queremos modificar o hacer algo con lo observado. Recordemos que ser testigo, implica solamente presenciar sin ninguna intervención. Esto nos va a ayudar a que muchas ideas o sentimientos desagradables dejen de afectarnos.

⚬ Observación del cuerpo externa e interiormente

1   Nos ponemos en cualquier posición que no represente mucho esfuerzo.

2   Mantenemos la quietud corporal (no debemos resistir los movimientos, dejando que el cuerpo se aquiete por sí mismo).

3   Comenzamos a tomar conciencia de la postura corporal.

4   Ponemos atención a la parte externa de nuestro cuerpo: pies, piernas, brazos, manos, hombros, pecho, espalda, abdomen, cara, cuero cabelludo, cabeza y las sensaciones que percibimos.

5   Dirigimos la atención a la parte interna de nuestro cuerpo: venas y arterias, corazón, pulmones, riñones, hígado, intestinos, estómago, vejiga, etc. Percibimos las sensaciones que nos surgen sin resistencia alguna.

6   Podemos recorrer el cuerpo interior y exteriormente de arriba hacia abajo y viceversa. Es muy importante poner plena atención a toda sensación que surja, a medida que efectuamos el recorrido. No luchamos con ninguna sensación que se manifieste.

7   Haremos este ejercicio por unos 30 minutos aproximadamente.

⚭ Observación de la mente

1   Ubicamos nuestro cuerpo en una posición que nos permita relajarnos.

2. Mantenemos el cuerpo lo más quieto posible, sin forzarlo.

3   Focalizamos la atención en los contenidos psíquicos (pensamientos) a medida que aparezcan, dejando que desaparezcan sin rechazarlos ni condenarlos.

4   En la medida en que los pensamientos, las imágenes y los sentimientos se despliegan, vamos observando atentamente su nacimiento, crecimiento, desarrollo y finalización. Todo se produce más allá de nuestra propia voluntad.

5   Desarrollaremos este ejercicio por una du-
    racion estimada de 15 a 20 minutos.

ℂℛ Observación del movimiento corporal

1   Nos ponemos de pie y tomamos concien-
    cia de dicho acto.
2   Vamos desplazando un pie detrás del otro,
    percibiendo dichos movimientos.
3   Estamos muy concientes de todos los mo-
    vimientos que hacemos.
4   No analizamos ni juzgamos aquellos movi-
    mientos que nos surjan.

5   Nos mantendremos hacien-
    do este ejercicio por una du-
    ración aproximada de 10 a
    15 minutos.

Meditación del silencio interior

Al comienzo del libro habíamos hablado de la mente parlanchina. Cuando nos damos cuenta del ruido interior que hace nuestro mono loco, sentimos la necesidad de buscar el silencio interior. Muchas veces sentir el silencio interior nos genera como una purificación o limpieza interna. Los grandes maestros orientales siempre han hablado de la importancia del silencio. Hay una anécdota en la India, que cuenta que un maestro iba a dar una charla y de repente un pájaro empezó a cantar. El maestro se mantuvo callado y en absoluto silencio, mientras el pájaro cantaba. Cuando el pájaro finalizó su canto, les dijo a sus discípulos: La charla de hoy ha terminado. El maestro no había dicho prácticamente palabra, pero les dejó como mensaje, la importancia de aprender a estar en silencio.

Testigo silente

1   Buscamos la postura más apropiada.
2   Tratamos de no resistir los movimientos del cuerpo.
3   Es necesario percibir y darnos cuenta de las sensaciones de las diferentes partes del cuerpo (cuero cabelludo, rostro, columna vertebral, pecho, abdomen, piernas, bra-

zos, etc) y los movimientos corporales sin querer modificarlos.

4 Seamos testigos de las ideas, imágenes, sentimientos, sensaciones, dejando que los contenidos mentales vayan y vengan a su propio ritmo.

5 Continuamos profundizando en nuestro interior, soltando todo el fluido mental. Dejamos que la mente piense lo que quiera y poco a poco nos afectará mucho menos. Vamos aprendiendo a fortalecer el Testigo Silente, que no juzga ni condena nada de lo que percibe. Veremos cómo los pensamientos comenzarán a tener menos poder sobre nosotros. De esta manera, produciremos una gran armonía interna introduciéndonos en la paz del Silencio.

6 Haremos este ejercicio por un tiempo aproximado de 20 a 30 minutos.

℞ Observación de los intersticios mentales

1 Nos ubicamos lo más cómodamente posible.

2 Intentamos hacer menos movimientos corporales.

3 Dirigimos la atención a los espacios o intersticios que se producen, de manera espontánea, cuando un pensamiento o imagen se hunde en la nada. Luego surgirá otro

pensamiento que nuevamente desaparecerá en ese intersticio. Al comienzo puede costarnos un poco permanecer en ese espacio, pero en la medida que comencemos a enfocar más nuestra atención, los intersticios empezarán a ser más prolongados.

4 Cuanto más tiempo pongamos la atención en los intersticios, poco a poco se harán más amplios y el parloteo de la mente se aquietará.

5 Nos mantendremos observando nuestros intersticios mentales por 15 minutos aproximadamente.

🕮 Abandonar de raíz los pensamientos

1 Buscamos una postura adecuada.

2 Mantenemos, en lo posible, el cuerpo quieto.

3 Cuando nos surgen los pensamientos, no seguimos su curso. En su lugar, ponemos la atención en el espacio que dejan cuando se van. Al desviar nuestra atención de los pensamientos, no nos dejamos seducir por ellos, evitando que formen una madeja de ideas. Los pensamientos comienzan a perder fuerza sobre nosotros. Los debilitamos desde que surgen al no darles vida con nuestra atención.

4 Esta técnica se parece a la anterior, la di-

ferencia es que aquí buscamos conseguir que los pensamientos no nos atrapen. En la anterior queríamos permanecer en los intersticios entre los pensamientos.

5 Haremos este ejercicio por un tiempo aproximado de 20 minutos.

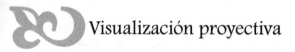

Visualización proyectiva

La visualización consiste en poder pensar, sentir o imaginar alguna situación vivida o que se podría vivir. Cabe destacar que no todas las personas pueden visualizar de la misma forma. Esto se debe a la tendencia particular que cada individuo tiene para representar algo en su mente. Hay personas que pueden representar por medio de palabras, otras lo hacen con imágenes y también están las que pueden hacerlo a través de sus sentimientos. Por supuesto que las tres formas básicas de visualizar, pueden combinarse. Tomemos como ejemplo visualizar un postre, puedo pensarlo en palabras y también imaginarlo, o imaginar el postre y sentir el placer de comerlo. Por lo tanto cualquier forma en que pueda visualizar es la correcta. Respecto a la palabra proyectiva, la usamos en el sentido de proyectar algo para el futuro. Por eso la Visualización Proyectiva nos ayuda a representar, en nuestro mundo interior, aquello que queremos ser en el futuro.

Representar una cualidad positiva

1 Nos colocamos en una posición adecuada y lo más cómoda posible.

2 Mantenemos la quietud corporal, sin po-

nernos rígidos.

3   Representamos alguna cualidad personal que queramos desarrollar (tratar de verse en una situación con esa condición como si ya estuviese ocurriendo). Visualizamos la imagen mental como un hecho ya producido.

4   Repetimos la imagen en nuestra mente todas las veces que podamos.

5   Nos mantenemos visualizando esa cualidad positiva por unos 15 minutos aproximadamente.

⚮ Proyección del paisaje idílico

1   Buscamos alguna imagen que nos ayude a estar relajados.

2   Mantenemos el cuerpo tranquilo.

3   Construimos en nuestra mente un paisaje ideal, que puede ser algún lugar en donde hayamos estado o algo que podamos crear o recrear psíquicamente. Es necesario que ese lugar al que vamos con nuestra imaginación nos ofrezca paz y tranquilidad interior.

4   A medida que practicamos esta técnica, podemos usarla en lugares de mucho estrés. El solo hecho de visualizar ese lugar ideal de paz nos conduce nuevamente a la armonía.

5   Vamos a prolongar este ejercicio por un tiempo aproximado de 10 a 15 minutos.

❧ Visualización de la energía cósmica

1   Nos colocamos en cualquier postura que nos resulte cómoda.

2   Mantenemos la mayor quietud corporal posible, tratando de sostener la columna erguida.

3   Visualizamos el cosmos, dejando que la mente pueda expandirse. Tratamos de ampliar la visualización cósmica lo más completa que podamos. Agregamos estrellas, galaxias enteras, etc. Nos dejamos inundar por la energía blanca que emana del cosmos y vamos sintiendo cómo entra esa energía de color blanca por el cuero cabelludo, descendiendo por el rostro, el pecho, los brazos, el abdomen, y las piernas, hasta que sale por los dedos de los pies. Todo el cuerpo es recorrido por esa energía cósmica que fluye y nos revitaliza a cada momento.

4   Nos mantenemos visualizando la energía cósmica por unos 15 minutos.

 Meditación koan

El Koan es una pregunta muy significativa que puede desencadenarnos estados elevados de conciencia. Los maestros del Zen lo suelen utilizar con el objetivo de producir en sus discípulos un nivel de percepción que les permita mayor entendimiento y sabiduría. Ese estado de gran comprensión y profunda sabiduría recibe en oriente el nombre de iluminación. Existen una gran variedad de Koans que pueden ser utilizados. Siempre es conveniente trabajar solamente con uno, por un tiempo, para poder observar su eficacia.

◇ Meditar sobre alguna pregunta

1   Nos ubicamos en una posición que nos resulte cómoda.

2   Mantenemos la quietud corporal, sin resistirnos a los movimientos.

3   Nos planteamos alguna pregunta que represente algún misterio o enigma y que además se caracterice por ser paradojal o contradictoria en sí misma. Como ayuda vamos a dar algunos ejemplos: ¿Cuál es el sonido del aplauso de una sola mano?, ¿Cuál es el sonido de lo insonoro?, ¿Cuál es la forma de lo sin forma?, etc.

4   Elegimos una pregunta y buscamos encontrar la respuesta. Esto genera un estado de

detención del parloteo, por no encontrar la posible solución lógica. La mente se silencia a sí misma, alcanzando paz y armonía.

5 Haremos este ejercicio por un tiempo aproximado de 20 a 30 minutos.

 # Meditación mántrica

La palabra mantra significa oración en sánscrito. Los mantras son de uso muy común en la India. La repetición puede hacerse en voz alta o mentalmente. Cuando repetimos un mantra, la mente no puede continuar con su parloteo y, poco a poco, al desenredarnos de los pensamientos viene un estado de calma. Esto se produce porque las palabras utilizadas en los mantras no generan ningún significado en la mente de la persona. Por lo tanto, no estimulan el parloteo interior. Esto ocurre porque los sonidos de los mantras no tienen ninguna cadena asociativa con elementos que le resulten conocidos al que los practica. En occidente ha comenzado a hacerse más frecuente la meditación mántrica. Al practicarla, la gente puede dormir mejor y tener una mayor claridad mental.

Salmodear o verbalizar algún mantra (frase u oración)

1   Nos mantenemos lo más relajados que nos sea posible.

2   Liberamos al cuerpo de tensiones y mantenemos la columna erguida.

3   Distintos mantras pueden ser salmodeados o verbalizados en voz alta. OM, es el mantra más salmodeado y conocido. Inhalamos una cantidad de aire normal, lo rete-

nemos y al exhalar pronunciamos la palabra OOOOOOMMMMMMMMM. Debemos recordar que la pronunciación de la O es vocal y la M se efectúa nasalmente, de tal manera que se produzcan vibraciones de energía sonora en todo el cuerpo. Otros mantras a utilizar pueden ser: OM MANI PADME HUM, HAM SA, AUM, etc.

4 Nos mantendremos salmodeando por un tiempo aproximado de 20 minutos.

🕮 Mantra intrapsíquico

1 Mantenemos una posición adecuada.
2 Buscamos la quietud corporal.
3 La única diferencia con el salmodeo del mantra, es que no se verbaliza hacia el mundo exterior como si fuera un canto, sino que se repite en la mente acompañándolo con la respiración.
4 Haremos este ejercicio por un tiempo aproximado de 20 minutos.

Meditación visual

Es muy común encontrar en oriente (India, China, Japón, etc.) lo que se conoce como mandala. La palabra mandala significa círculo en sánscrito. Estos mandalas tienen en su interior distintas figuras y formas que son muy llamativas. Son de gran ayuda para ejercitar el poder de la atención y concentración, permitiendo conseguir una mejor calidad de la meditación. Cuando ponemos la atención en algo visualmente, si nos mantenemos concentrados en esa imagen, la mente comienza a detenerse. Por eso cuando fijamos la mirada en algo por un tiempo, automáticamente los pensamientos se aquietan.

✆ Meditación con un mandala (círculo)

1 Nos colocamos en una posición adecuada.
2 Logramos mantener la quietud corporal sin esforzarnos.
3 Dirigimos la atención al mundo interior y construímos una figura geométrica circular. Podemos utilizar la imagen del átomo que está representada por el sol (protón) como centro del sistema solar y alrededor, los planetas (electrones). Cualquier imagen circular que construyamos mentalmente puede ser de utilidad.

4   Al continuar con nuestra atención en el mandala imaginario, poco a poco la mente comenzará a aquietarse, hasta alcanzar una plena armonía.

5   Nos mantenemos recreando el mandala en nuestra mente por unos 15 minutos aproximadamente.

❧ Meditación tratakam (atención visual en algún objeto físico)

1   Nos ubicamos en la posición más adecuada.

2   Dejamos que el cuerpo produzca lentamente su propia quietud.

3   Miramos fijamente algún objeto físico como, por ejemplo, la punta de un dedo, un punto en un muro, la punta de la nariz, etc.

4   Al sostener la atención contínuamente, la mente no nos puede arrastrar a ningún lugar y como consecuencia alcanzamos mayor bienestar, paz y armonía interior.

5   Haremos este ejercicio por unos 15 minutos aproximadamente.

Meditación auditiva

Hoy sabemos la influencia que ejercen los sonidos sobre nuestro sistema nervioso. Antiguamente, en el Tibet solían usar el sonido de las campanas para generar estados de conciencia más elevados. Hoy, no solamente se usan los sonidos que puedan producir las campanas, sino cualquier instrumento cuya vibración nos ayude a profundizar en nuestro interior. No importa si es el sonido de un instrumento musical o el de la naturaleza o el de algún animal. Lo verdaderamente importante es lo que esas vibraciones generan en nosotros.

⚘ Meditación nadam (atención en algún sonido)

1 Nos ponemos en una posición cómoda.
2 Tratamos de encontrar la mayor tranquilidad corporal.
3 Concentramos nuestra atención en algún sonido como el del mar, una catarata, un río de montaña, el sonido de alguna campana, el canto de algún pájaro, la vibración de algún instrumento musical, etc.
4 Dejamos que las vibraciones de los sonidos penetren en nuestro cuerpo, mente y espíritu. Se producirá una mayor unidad interior y, por ende, más armonía.
5 Haremos esta meditación por un tiempo aproximado de 15 minutos.

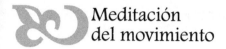

Meditación del movimiento

Meditación con mudras

Los mudras son gestos que comúnmente se hacen con las manos y son muy utilizados en la meditación en Oriente. Los podemos ver en la postura clásica de meditación oriental (flor de loto o piernas entrecruzadas). Los mudras generan una retroalimentación de nuestra energía y sirven para poder contactarnos con lo sagrado y espiritual. Existen distintos tipos de mudras; en Occidente mismo, es muy común en la religión católica que al orar se junten las manos, aunque no lo llamen mudra. Pueden combinarse muy bien con las técnicas de respiración y concentración.

1 Podemos sentarnos en una silla o en posición de yoga (piernas cruzadas).

2 Es importante que mantengamos el cuerpo lo más relajado posible.

3 Podemos unir el dedo pulgar e índice en ambas manos formando una especie de círculo y apoyar el resto de la mano sobre el regazo o las piernas. Otra manera es la de juntar las palmas de las manos apoyándolas en el centro de nuestro pecho (posición similar a la oración).

4 Elegimos uno de los dos mudras descritos

en el item anterior y lo combinamos con la respiración abdominal. Al inhalar inflamos levemente el abdomen y al exhalar lo contraemos. Cuando se combinan mudras y respiración es posible generar mayor flujo de energía.

5   Haremos el ejercicio por unos 15 minutos aproximadamente.

℘ Meditación con danza

También se le llama meditación Whirling (trompo). Es una vieja técnica Sufí que consiste en girar como un trompo con los ojos abiertos, tal como lo hacen los niños pequeños. En mi país se hace con los ojos vendados y le llamamos el "gallito ciego". Cuando se practica este girar de trompo y luego uno se detiene, parece como que todo nos da vueltas y que el cuerpo tiende a caerse. Dejemos que eso ocurra sin manejar la caída, que el cuerpo aterrice y que la tierra absorba su energía. Algunas personas pueden sentir náuseas los primeros días que la practiquen, pero luego esa sensación desaparece. El objetivo de está técnica es el de aprender a soltar el deseo egocéntrico de controlar todo. Al ir desprendiéndonos de nuestros controles también nos vamos desprendiendo de nuestro ego y alcanzamos una mayor serenidad interior.

1 Debemos buscar un lugar cómodo donde nos podamos caer al piso sin hacernos daño. Podemos poner en el piso alguna colchoneta (estera, edredón o yoga mat) para amortiguar la caída. El horario más recomendable para hacer esta técnica es por lo menos 3 horas después de haber ingerido alimentos.

2 Si queremos, podemos vendarnos los ojos, luego comenzaremos a dar vueltas en círculos como si fuésemos un trompo (debemos elegir si queremos girar a la derecha o izquierda). Cuando sintamos que estamos cansados, dejaremos que nuestro cuerpo siga su propio impulso.

3 Es importante que no controlemos ni pongamos resistencia a los movimientos del cuerpo, en especial cuando quiera desplomarse o caerse. Es común sentir mareos y, a veces, hasta deseos de vomitar.

5 Haremos este ejercicio por un tiempo aproximado de 10 a 15 minutos.

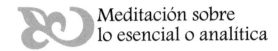

Meditación sobre lo esencial o analítica

Este tipo de meditación puede ser utilizada por aquellas personas que les gusta analizar o saber el porqué de las cosas. A través de preguntas sobre temas trascendentales podemos dar a luz las verdades del alma. El filosofo griego Sócrates, con su método de la mayéutica o "el arte de dar a luz", buscaba sacar a relucir los conceptos fundamentales sobre la vida. Una pregunta trascendental puede ayudarnos a modificar actitudes, conductas y/o comportamientos.

Meditación sobre la vida

1   Encontramos cualquier posición que nos sirva para reflexionar.

2   Aflojamos nuestro cuerpo lo más que podamos.

3   Nos podemos preguntar: ¿Qué representa estar con vida?, ¿Qué haría si hoy fuera el último día de mi vida?, ¿Estoy aprovechando mi vida al máximo posible?, etc.

4   Dejamos que la psique pueda encadenar las más diversas hipótesis. Simplemente, prestamos atención a dichas construcciones, sin tratar de reprimirlas o suprimirlas, dejando que las mismas lleguen hasta el final.

5   Realizaremos este ejercicio por un tiempo aproximado de 20 minutos.

❧ Meditación sobre el deseo

1 Nos ubicamos en una posición cómoda.

2 Dejamos que nuestro cuerpo se vaya relajando por sí mismo, sin presionarlo, ni forzarlo para que se relaje.

3 Podemos preguntarnos: ¿Qué es el deseo?, ¿Son necesarios tantos deseos?, ¿Puedo soltar o abandonar algún deseo?, ¿Qué pasa cuando obtengo algo que deseo?, etc.

4 Todo parloteo interior que nos surja interiormente es una consecuencia de la activación psíquica que produjeron las preguntas, lo importante es dejar que todo fluya.

5 Meditaremos en torno al deseo por unos 20 minutos aproximadamente.

❧ Meditación sobre la seguridad

1 Nos colocamos en una posición cómoda.

2 Mantenemos la quietud corporal.

3 Podríamos preguntarnos: ¿Existe la seguridad?, ¿Puedo armonizar con la incertidumbre?, ¿Qué relación encuentro entre la búsqueda constante de la seguridad y el miedo?

4 Dejamos fluir los pensamientos que nos surjan espontáneamente, sin contenerlos o reprimirlos.

5   Haremos este ejercicio reflexivo por unos 20 minutos aproximadamente.

❧ Meditación sobre los cambios

1   Buscamos una posición adecuada.

2   Es importante que mantengamos la quietud corporal.

3   Podemos preguntarnos: ¿Existe algo permanente?, ¿Puedo percibir los cambios de mi cuerpo a través de los años?, ¿Lo que pensaba cuando era más joven, es parecido a lo que pienso actualmente?, etc.

4   Dejamos fluir las ideas e imágenes desde nuestro mundo interior, observándolas atentamente.

5   Podemos hacer este ejercicio por unos 20 minutos aproximadamente.

❧ Meditación sobre el amor y la compasión

1   Nos ubicamos cómodamente.

2   Buscamos que el cuerpo pueda estar lo más quieto posible, pero sin forzar la relajación.

3   Podríamos preguntarnos: ¿Qué es el amor?, ¿Hay diferentes tipos de amor?, ¿El amor es uno solo?, ¿Soy compasivo con los demás?, ¿Surge la compasión espontáneamente?, ¿Qué relación hay entre

la compasión y el ego?, etc.

4 Las respuestas que nos surjan pueden tener algún significado, tratémoslas como fu-
turas semillas que pueden fertilizar el nuevo
terreno de nuestra personalidad.

5 Realizaremos esta meditación por unos 20
minutos aproximadamente.

ೞ Meditación sobre la muerte

1 Encontramos una posición cómoda.

2 Dejamos que el cuerpo vaya consiguiendo
un estado de quietud.

3 Podríamos preguntarnos: ¿Qué significa la
muerte?, ¿Existe algo más allá de la muerte?, ¿Podemos morir (abandonar o dejar)
para algún deseo?, etc.

4 Debemos prestarle mucha atención a las
respuestas, dado que pueden contener un
profundo significado.

5 Podemos hacer esta meditación por un
tiempo aproximado de 20 minutos.

Algo para recordar: Cada vez que finalice-
mos un ejercicio, volveremos al estado inicial
muy lentamente. Podemos contar del 1 al 10,
recorriendo las sensaciones de nuestro cuerpo desde los pies hasta la cabeza, para luego
abrir los ojos. Con posterioridad moveremos
nuestro cuerpo según su necesidad y regresa-

remos al mismo estado en que comenzamos. Otra opción, es la de no regresar al momento inicial, sino continuar hasta dormirnos.

No me voy a cansar de decirles que no es necesario practicar toda la variedad de técnicas de psicomeditación que hemos presentado; basta simplemente con encontrar alguna de todas las variedades expuestas que se adapte a sus necesidades.

De todo lo expuesto surge una pregunta que seguramente va a ser contestada en el capítulo siguiente y es: ¿Qué beneficios nos trae la psicomeditación?

Referencias
bibliográficas

Osho, "Meditación, la primera y última verdad".
Editorial Mutar. Año 1996.

Osho, "El libro de los secretos". Gaia Ediciones.
Año 2003.

Ramiro Calle, "Recobrar la mente". Editorial Urano.
Año 1991.

Dr. Benito F. Reyes, "Manual de meditación,
cibernética de la conciencia". Editorial Errepar.
Año 1992.

Jean Bouchart d'Orval, "La plenitud del vacío".
Editorial EdiComunicación S.A. Año 1991.

André Van Lysebeth, "Aprendo Yoga". Editorial
Emecé – Urano. Año 1990.

Jean Klein, "La mirada inocente". Ediciones
Obelisco. Año 1987.

Sri Nisargadatta Maharaj, "Yo soy eso". Editorial
Sirio, S.A. Año 1988.

Carlos Novas, "Meditación holística". Editorial
Puma. Año 1999.

Capítulo 7

Beneficios de la psicomeditación

A NTES DE COMENZAR A DESARROLLAR LA GRAN CANTIDAD DE BENEFICIOS QUE PRODUCE LA PRÁCTICA DE LA PSICOMEDITACIÓN, QUIERO MENCIONAR LA IMPORTANCIA QUE TIENE EL USO APROPIADO DE LAS POTENCIALIDADES MENTALES. Ya desde tiempos muy antiguos se decía: *como la mente te cura, también te enferma.* Desdeñar lo que significa vivir sucumbido a una mente que nos esclaviza, no forma parte de mi estilo; es por ese motivo que entender la peligrosidad de ciertas creencias, ideas, prejuicios e imágenes es primordial para el conocimiento de uno mismo.

Hay muchas experiencias que dan cuenta de cómo determinadas creencias irrestrictas o tradiciones pueden conducirnos a lo más terrible. Un ejemplo notable de esto se puede ver en lo que se conoce como "La muerte vudú". En el libro "El efecto mente/cuerpo", el Dr. Herbert Benson comenta

*La psico-
meditación
se hace
extensiva
a diferentes
áreas:
la psíquica,
la del cuerpo
y la del
mundo
exterior
o social.*

en qué consiste el vudú; el mismo está conformado por una serie de prácticas de características religiosas, que aparentemente tienen origen en África. Se practica en algunos lugares del mundo, principalmente en poblaciones nativas de África, Haití y América del Sur, con un conjunto de creencias similares en Australia, Nueva Zelanda e Islas del Pacífico.

A continuación vamos a relatar una experiencia descrita por el Dr. Herbert Basedow en 1925:

"El que descubre que le está hechizando un enemigo suele tener una reacción terrible. Queda como espantado, con los ojos fijos en el pérfido adversario, y alza las manos como para protegerse del instrumento mortal que imagina que está penetrando en su cuerpo. Pálido, con los ojos vidriosos, la cara crispada, intenta gritar, pero normalmente no emite más que sonidos estrangulados, y todo lo que el observador puede ver es que echa espuma por la boca. Empieza a temblar y se le contraen los músculos involuntariamente. Se tambalea y cae al suelo, y al poco rato parece desmayado, pero poco después se agita como en una agonía mortal y, tapándose la cara con las manos, empieza a gemir... Su muerte es sólo cuestión de un período de tiempo relativamente corto".

En este ejemplo hay una clara demostración de lo que nuestra psique puede llegar a producir, dejándonos un claro mensaje cuya significación sería: "La aceptación sin ningún tipo de restricciones de nuestro sistema de creencias, nos lleva a que dicha creencia se convierta en un hecho". El Dr. Lair Ribeiro nos cuenta en su libro "La prosperidad", que en una determinada aldea de Haití, para la práctica del vudú un sacerdote lleva consigo una calavera. Si a uno de los miembros de esa tribu se le condena a muerte, el sacerdote pone en marcha un ritual milenario, que consiste en colocar la calavera en la frente del condenado. Desde ese momento, comienzan a producirse en el condenado toda una gama de signos y síntomas, como pérdida del habla, del hambre, la sed y el sueño. Luego entra en un estado de depresión muy severa, muriendo al cabo de setenta y dos horas. Es importante destacar que todas las personas que pertenecían a dicha tribu, y que fueron sometidos a la experiencia, murieron.

Puede que ahora ustedes se pregunten: ¿Por qué se vuelve a contar de nuevo, aunque con variaciones, la experiencia vudú? La respuesta es que en esta experiencia se produjo un hecho, inédito para mi criterio, que el Dr. Lair Ribeiro lo señala con precisión. Había tres profesores, todos de la Universidad de Alabama (Estados Unidos), que quisieron desafiar el ritual para poder constatar sus hipótesis de trabajo. Para eso, luego de muchas negociaciones, llegaron a un acuerdo con el sacerdote para que efectuara el ritual con ellos, dejando por sentado que asumían la absoluta responsabilidad de lo que sucediera en la experiencia. El ritual se efectuó con ellos de la misma forma en que se practicaba con los condenados de la aldea. El resultado fue que los profesores regresaron unos días más tarde a su país de origen y publicaron un artículo que versaba sobre la experiencia obtenida en la práctica vudú.

Como conclusión diremos que los que son condenados a la experiencia vudú, y pertenecen a la tribu, inexorablemente morirán. Los profesores estadounidenses no sufrieron ningún percance debido a que su sistema de creencias era completamente distinto. Esto ocurrió porque a los miembros de la tribu haitiana se les transmite la idea de este ritual desde que son muy pequeños, sabiendo que cuando el sacerdote coloca la calavera sobre la frente del condenado, será inevitable que éste muera. De la misma forma que ocurre con el vudú, nuestra mente nos puede hacer creer toda clase de mentiras y falsedades, haciendo de nosotros verdaderas marionetas de ideas, con las consecuencias que las mismas pueden llegar a producir.

Como hemos mencionado anteriormente,

la psicomeditación puede ayudarnos a evitar ser manipulados por esa mente parlanchina. A continuación veremos los múltiples y muy valiosos beneficios que esta práctica, en la que se integra el pensamiento oriental y occidental, nos ofrece. Cabe destacar que la psicomeditación se hace extensiva a diferentes áreas: la psíquica, la del cuerpo y la del mundo exterior o social. Es obvio que las mismas no están separadas como compartimentos estancos, sólo a los fines de su estudio la hemos dividido de esa manera.

En el área psíquica podríamos incluir las depresiones, las angustias, las ansiedades, los miedos irracionales y las obsesiones. Al producir –por medio de la psicomeditación– un grado importante de relajación psicosomática, los síntomas muchas veces comienzan a disminuir, provocando mucho menor sufrimiento.

En el área del cuerpo están las típicas enfermedades psicosomáticas como, por ejemplo: hipertensión arterial, asma bronquial, úlcera péptica o de duodeno, enfermedades de la piel, etc. La psicomeditación ha resultado muy efectiva, ayudando con estimable valor a favorecer los procesos de autoregulación que el organismo posee.

En el área del mundo exterior estaría estrechamente vinculado al contacto comunicacional con el otro, ya sea tanto a nivel verbal, como no verbal (gestos, expresiones, etc).

La psicomeditación ha resultado muy efectiva, ayudando con estimable valor a favorecer los procesos de autoregulación que el organismo posee.

La psico-meditación ha influido notablemente a mejorar la posibilidad de expresión, tanto como la de contacto con nuestros semejantes.

Esto está íntimamente conectado con la posibilidad de integración grupal y la manera en que nos posicionamos ante los demás. La psicomeditación ha influido notablemente a mejorar la posibilidad de expresión, tanto como la de contacto con nuestros semejantes.

Por otro lado, la práctica de la psicomeditacion también es una poderosa herramienta para erradicar los hábitos nocivos (tabaquismo, alcoholismo, consumo de drogas y obesidad, entre otros). Además, algunas personas que practican la psicomeditación comentan que han podido dormir mucho mejor, dejando de estar en vela hasta altas horas nocturnas. Por lo tanto, parece ser muy eficaz en relación al insomnio.

La palabra "estrés" es muy utilizada actualmente debido a que se trata de un síndrome que afecta a la mayoría de los habitantes del planeta. El creador de dicho término fue el fisiólogo canadiense Hans Selye, quien determinó, a través de ciertas experimentaciones efectuadas, las tres etapas que constituyen el Síndrome General de Adaptación (Stress):

Reacción de Alarma: Esta etapa la podemos subdividir en Fase de shock o de daño, caracterizada por depresión del sistema nervioso, hipotonía muscular, etc. El organismo comienza a sentir las primeras reacciones ante el estímulo o situación que genera los primeros signos y síntomas. La otra fase que sigue se llama Fase de contrashock o de defensa, donde el organismo en su totalidad presenta batalla a ese shock o daño que había acaecido en la primera fase.

Período de resistencia: Es considerado como una especie de prolongación de la fase de contrashock, donde el organismo incrementa sus defensas al máximo en relación al agente patógeno.

Fase o estadio de agotamiento: El organismo continúa sujeto a algún estímulo o estímulos dañinos, habiendo ya fracasado los mecanismos de defensa; por lo tanto, sucumbe. Esto significa que se ha agotado la energía utilizada en la adaptación en las fases o períodos anteriores. Hans Selye aplicó su hipótesis al origen y curación de las enfermedades. Vincula la enfermedad aguda con el estadío de reacción de alarma, la enfermedad crónica con el período de resistencia y la muerte con el estadío de agotamiento.

Me parece significativo resaltar que la psicomeditación favorece enormemente a que el organismo pueda recuperarse a través de sus procesos autoregulatorios, conduciendo esto a una disminución considerable del estrés. Por otra parte, cabe señalar que el estrés es necesario para el normal desenvolvimiento cotidiano. Hablando de los procesos de autorregulación que nuestro organismo posee y de la manera que se puede favorecer con la psicomeditación en diversas enfermedades, quisiera contarles una experiencia muy personal, donde se observó la remisión parcial de un tumor. La historia que les voy a contar está vinculada con mi hermana Marisú y la aparición de un tumor maligno en uno de sus pechos.

En el año 1998, recién llegado de Puerto Rico llamé por teléfono a mis padres. En ese momento me atendió mi mamá con una voz bastante melancólica. Realmente, me extrañó muchísimo su tono debido a que ella tenía un temperamento muy divertido. Era evidente que algo pasaba. En ese mismo instante le pregunté qué estaba sucediendo y mi madre me contó que mi hermana Marisú tenía un pequeño tumor en el pecho y que los análisis médicos parecían indicar que era maligno. Inmediatamente le pregunté dónde se encontraba Marisú. Casualmente, justo la había ido a visitar en ese preciso momento, y le pedí a mi mamá que me comunicara con ella. Tomó el teléfono, rápidamente, con una voz que no sonaba muy alegre. Quedamos de común acuerdo que me vendría a ver al consultorio al día siguiente.

Le comenté a Marisú sobre la importancia de poder utilizar técnicas de meditación, concentración y visualización, además de lo benéfico que era para la salud. Le dije que generalmente los resultados eran muy positivos y que antes yo había utilizado estas técnicas con otros pacientes, que mostraron inmensas mejorías. Para que estuviera bien enterada sobre lo que trataríamos, comencé hablándole de la experiencia de algunos profesionales que trabajan con estas técnicas de visualización y en especial con aquellos –dado el caso de cáncer de mi hermana– que se especializaban en el tema de la oncología.

Al comienzo tuvimos muy en cuenta la manera en que respiraba, los pensamientos, las imágenes y los sentimientos que más predominaban en ella. También reparamos en lo importante de una alimentación que estuviese lo menos contaminada posible (usamos productos naturales y alimentos que no lleven ni conservantes, ni otros aditivos). Sabíamos que era fundamental un cambio de vida, sobre todo una nueva actitud. Leímos a aquellos profesionales de la oncología que usaban las técnicas que nosotros también utilizaríamos, deteniéndonos especialmente en el Dr. Carl Simonton, director del Cancer Couseling Center de Forth Worth. Este autor, en su libro "Sanar es un viaje" (escrito junto con Reid Henson) nos dice: "La visualización es una de las for-

La psicomeditación ha influido notablemente a mejorar la posibilidad de expresión, tanto como la de contacto con nuestros semejantes.

mas de curación más antiguas que existen en el planeta. Entiendo por 'visualización' las imágenes producidas por todas las operaciones de la imaginación, tanto conscientes como inconscientes. Hace más de veinte años que estudio e investigo el uso de la visualización para recuperar la salud".

Mi hermana y yo sentíamos que estábamos en el camino correcto. No puedo olvidar la valiosa participación de mi esposa, quien contínuamente nos daba aliento y derramaba sobre nosotros sus pensamientos positivos. Marisú había venido con un tumor de importante tamaño, de acuerdo a la tomografía computada o CT Scanning que le realizaron, y le esperaba una cirugía que le permitiese extirparlo y eliminar de una vez otro tejido aledaño que en un futuro pudiera resultar comprometedor. Ella venía diariamente al consultorio (durante un lapso de más de dos semanas), pues nuestra meta era arribar a la operación lo mejor posible. Realizaba varias veces al día los ejercicios de psicomeditación que creímos conveniente en ese momento (las técnicas están todas incluidas en el Capítulo 6 del libro). Algunas técnicas utilizadas fueron los ejercicios de respiración, meditación del testigo perceptual u observador y la del silencio interior, visualización de la energía cósmica y de cualidades positivas, etc.

En ningún momento Marisú dejó las prácticas meditacionales y, según nuestra observación, la empezamos a ver muy bien. Cambió el estado de ánimo, se le veía muy segura de sí misma, con una gran energía, que siempre supo irradiar. Se acercó el día de la operación y estábamos ahí firmes, como pata de mesa. Marisú ya estaba en la sala de operaciones. Durante la espera aprovechábamos el tiempo para hacer respiraciones abdominales, tratando de mantener a raya la ansiedad típica de situaciones de este tipo. No habían pasado muchos minutos cuando el doctor a cargo de la operación salió del quirófano y nos dijo que no entendía lo sucedido debido a que la tomografía no coincidía con lo que él había extraído, en vista de que el tumor era mucho menor que el de la imagen. Imagínense ustedes cómo nos sentíamos mi esposa, Viviana y yo; queríamos saltar y gritar de la alegría. Recuerdo la cara del médico y su gesto diciéndome que el tumor era pequeñísimo y no coincidía con la tomografía. Esto no hizo más que confirmar lo que nosotros esperábamos que sucediera.

Cuando Marisú salió del quirófano la fuimos a visitar a la habitación del sanatorio y le contamos lo sucedido. Sentí una emoción muy grande al ver que mi hermana había conseguido una espectacular remisión, motivo por el cual el doctor se extrañara del tamaño del tumor hallado. Actualmente, Marisú es psicóloga social y tiene un excelente entrenamiento en psicomeditación, ayuda a mucha gente propiciando la utilización de su mente para mejorar su salud psicosomática. Como pueden apreciar, era una historia muy particular que puede servir a muchísimas personas. Si nos pusiéramos a nombrar los casos donde la psicomeditación fue una verdadera aliada en el proceso autocurativo, nos extenderíamos por muchas páginas más. La psicomeditación abre caminos que van más allá de lo corporal y mental. También permite trascender las fronteras del ego, para acceder a un estado de conciencia superior.

Es muy importante tomar como referencia un libro escrito por el psicólogo estadounidense Wayne W. Dyer, que se llama "Tu yo sagrado". En uno de sus capítulos enuncia cuatro ítems que representan el acceso a la conciencia superior:

Desterrar la duda: Con la duda se es incapaz de alcanzar el acceso al yo superior o a la conciencia superior. La presencia de la duda puede impedirle el despertar, "como pienses, así serás", "nos convertimos en lo que pensamos durante todo el día".

Cultivar la posición de espectador: Al adoptar la posición de testigo comprensivo se va adquiriendo conciencia de que uno es más que los pensamientos, sentimientos y sensaciones cotidianas. Ese testigo comprensivo o espectador no se identifica con todo eso. Adoptar la posición de espectador comprensivo da el primer paso hacia la liberación.

Acallar el diálogo interior: El diálogo interior remite a la metáfora de un estanque de profundidad ilimitada en el que se encuentran cinco niveles:

ભ La superficie: Se caracteriza por la agitación.

ભ Justo por debajo de la superficie: Las agitaciones de la superficie prácticamente producen poco impacto.

ભ Muy por debajo de la superficie: Las agitaciones disminuyen; es decir, la charla interior va desapareciendo, por lo tanto no hay necesidad de análisis por parte de la psique.

ભ Quietud y éxtasis: Se va llegando al nivel de callar el diálogo interior y, por ende, la presencia de júbilo.

ભ Espacio abierto a todas las posibilidades: Es el lugar interior de pura quietud y vaciamiento mental.

Libera al yo superior del ego: Cuando hablo

La psicomeditación abre caminos que van más allá de lo corporal y mental. También permite trascender las fronteras del ego, para acceder a un estado de conciencia superior.

de ego me refiero a la idea que cada uno hace de sí mismo. El ego no es más que una ilusión que ejerce una poderosa influencia sobre nosotros. Liberándonos de los dominios del ego, podremos acceder al yo o a la llamada conciencia superior.

La psicomeditación es como una especie de llave, que permite abrir una gran puerta que conduce a sitios por los que hasta ahora no hemos transitado.

Particularmente, siento que la psicomeditación es como una especie de llave, que permite abrir una gran puerta que conduce a sitios por los que hasta ahora no hemos transitado. Y esos lugares generan tanta influencia en nosotros que cuando volvemos de ahí ya no somos los mismos; algo en nosotros ha cambiado. Es obvio que todo cambia, y, como mencioné en el prólogo del libro, esto muy bien lo señalaba ya hace más de dos mil quinientos años el filósofo presocrático Heráclito cuando decía: "No se puede entrar dos veces al mismo río". Con esto nos estaba diciendo que el río ya había cambiado, en realidad no sólo el río había cambiado, sino que nosotros también lo habíamos hecho.

A veces resulta difícil poder transmitir lo que se siente, se piensa, se imagina, se deja de pensar o se deja de imaginar en la psicomeditación, debido a que es una vivencia inefable; es decir, que no puede ser puesta en palabras. Pero, a su vez, pienso que las palabras son un medio para poder expresar algo de lo que ha sucedido en nuestra experiencia psicomeditativa.

Los otros días estaba escuchando con una amiga un disco compacto de la cantante argentina Silvina Garré y en uno de sus temas decía: "Todos tenemos un infierno en la cabeza"... Realmente me produjo como una conmoción, es fundamental poder dar cuenta de la peligrosidad que encierra el desconocimiento pleno de nuestra psique; es como estar sentado sobre un volcán en erupción y no tener la menor idea de qué se trata.

Mi idea personal tiende a profundizar en el autoconocimiento. Ya lo decía el gran sabio de la antigua Grecia, Sócrates: "Conócete a ti mismo". Es por eso que a medida que permanezcamos en diferentes lugares de nuestro interior, se irá produciendo otra manera de percibir, y también de pensar y de sentir. Si con nuestros pensamientos construimos al mundo, con los mismos pensamientos también lo destruimos. En el Dhammapada (enseñanzas de Buda) hay un capítulo llamado "El necio", donde en una de sus partes dice:

"El tonto que sabe que es un tonto
no tiene mucho de tonto;
mas el tonto que se cree un sabio
realmente está perdido".

Como ven, estas palabras fueron vertidas hace muchos años por un gran sabio como Buda y fíjense la fuerza que aún poseen.

El mensaje de este capítulo puede expresarse en diversas palabras que apuntan a un mismo lugar. Esas serían: conocerse, darse cuenta, estar atentos, recordarse, autoobservarse, tomar conciencia y estar presente. Las mismas, convertidas en acción, nos serán de gran ayuda para disolver miedos, angustias, ansiedades, estrés, trastornos psicosomáticos, depresiones y demás trastornos psicoemocionales.

Una pregunta que nos podría surgir por todo lo desarrollado anteriormente sería: ¿Es posible evitar quedarse dormido en las redes de la mente?

Bibliografía recomendada

Dr. Herbert Benson, "El efecto mente/cuerpo". Editorial Grijalbo. Año 1980.

Dr. Lair Ribeiro, "La prosperidad". Editorial Urano. Año 1996.

David J. Sussmann. "¿Qué es la acupuntura?" Editorial Kier. Año 1980.

Dr. O. Carl Simonton y Reid Henson, "Sanar es un viaje". Editorial Urano. Año 1993.

Wayne W. Dyer, "Tu yo sagrado". Editorial Grijalbo. Año 1996.

Alberto Blanco, "El Dhammapada, las enseñanzas de Buda". Arbol Editorial S.A. de C.V. Año 1990.

Osho, "Conciencia". Editorial Debate. Año 2002.

Jean Klein, "La alegría sin objeto" Luis Cárcamo Editor. Año 1980.

CAPÍTULO 8

Conclusiones

E N ESTA TERCERA EDICIÓN DE PSICOMEDI-
TACIÓN, MI IDEA FUE LA DE AGREGAR ALGU-
NOS CONCEPTOS NUEVOS A CADA CAPÍTULO,
Y TRATAR DE LLEGAR AL LECTOR CON LA MA-
YOR CLARIDAD POSIBLE.

Contestando la pregunta que efectuamos en el capítulo anterior, diremos que la Psicomeditación tiene como mensaje el de no quedarnos dormidos en las redes de nuestra mente parlanchina, dado que las consecuencias no serían muy buenas.

Creo que no es muy sencillo permanecer despierto, cuando mucha gente a nuestro alrededor está dormida. Además, es más fácil vivir dormidos y actuar mecánicamente, ya que de esa manera no tenemos que hacer ningún esfuerzo para despertar. Por supuesto que los costos de vivir dormidos o atrapados en las redes del "mono loco" son muy elevados y, definitivamente, nos conducen hacia un sufrimiento innecesario.

Cuando más distancia tomemos de nuestros sufrimientos imaginarios, comenzará a abrirse la puerta hacia la paz, el equilibrio y la armonía.

La mayoría de las personas están en la búsqueda de la felicidad, pero desgraciadamente no muchas veces la consiguen. Confunden el placer con la felicidad. Diría que buscan el placer, creyendo que es felicidad, hasta que descubren que el placer ya no los satisface. La felicidad no la podemos adquirir como el placer, pues no puede comprarse, tiene que construirse.

Tenemos que aprender a no generarnos más sufrimientos y poder despegarnos de la mente parlanchina, con la misma fuerza que tiene un cohete al despegar con dirección a la Luna. Cuando más distancia tomemos de nuestros sufrimientos imaginarios, comenzará a abrirse la puerta hacia la paz, el equilibrio y la armonía.

Por eso decía antes que la felicidad es algo que se construye y no se puede comprar como el placer. Cuando me refiero a la construcción de la felicidad, quiero decir una nueva manera de vivir, percibir, sentir y pensar. Le damos muchísima importancia a cosas que no la tienen y nos perdemos la vida misma.

Cuando serenemos nuestra mente parlanchina, nuestra inteligencia profunda comenzará a actuar generando los cambios necesarios que permitan que la felicidad nos visite y hasta pueda quedarse a vivir con nosotros.

Sobre el autor

CUANDO ERA NIÑO PADECIÓ DE ASMA BRONQUIAL, UNA ENFERMEDAD QUE AFECTABA SU CAPACIDAD RESPIRATORIA. Esta condición le impedía realizar actividades cotidianas y jugar con otros niños. Poco a poco tomó conciencia de que cuanto más nervioso se ponía, más se incrementaban los ataques de asma. También descubrió que, por el contrario, al serenar su mente, el asma comenzaba a desaparecer. Ante eso comenzó a preguntarse qué lugar tendría la mente en todo lo que estaba viviendo. Buscando una salida a esa pregunta, como a los 20 años empezó a conocer el Control Mental y, con posterioridad, el Hatha y Raja Yoga. También incursionó en la Parapsicología, Digitopuntura y Macrobiótica.

Se graduó como Psicólogo en el año 1991 e hizo su experiencia Clínica en el Hospital Braulio Moyano y José T. Borda, en Argentina desde el 1994 hasta el 1999.

A partir de 1996 se dedicó a la enseñanza en la Universidad de Buenos Aires, en la cátedra de Salud Mental y en la Universidad Abierta Interamericana, en la cátedra de Psicología donde permaneció como profesor hasta el año 2001. Obtuvo su capacitación en Hipnosis Clínica y con posterioridad en las Técnicas de Meditación. La búsqueda de la integración del pensamiento occidental y oriental lo hizo desembocar en lo que hoy denomina PSICOMEDITACION.

En el año 2002 la Cámara de Representantes de Puerto Rico, le otorgó el más alto reconocimiento por su revolucionario método de armonización psicosomática.

Actualmente vive en San Juan de Puerto Rico, y dirige talleres, seminarios y conferencias.

Agradecimientos

QUIERO AGRADECER A LOS PRINCIPALES MAESTROS EN MI VIDA, PORQUE ME PERMITEN IR DESCUBRIENDO UN MONTÓN DE COSAS QUE TENGO QUE MEJORAR. Ellos son mis verdaderos guías, dado que no escatiman esfuerzos en decirme sinceramente alguna verdad, por más dolorosa que sea. Uno de ellos es mi hijo Leonel, quien con su espontaneidad, creatividad y gran lucidez me deja muchas veces sin palabras ante algunas de sus preguntas, generándome un mayor deseo de investigar la mente humana. El otro maestro o maestra es mi esposa Viviana, quien a través de su sabiduría intuitiva, me impulsa a producir nuevos proyectos y, por supuesto, me permite confirmar que es en la vida de relación o convivencia cotidiana donde podemos aprender mucho de nosotros mismos.

Agradezco la participación del compositor y productor musical puertorriqueño Rucco

Gandía en la compaginación musical y graba-
ción del CD que hemos incluido en el libro.

También es muy importante para mí, el
poder descatar la gran colaboración recibida
por parte de mi editora Gizelle F. Borrero y de
Ivelisse Rojas. Ambas le dieron a *Psicomeditación* el empujón necesario para que
hoy pueda estar en sus manos.

Roberto Tirigall

Uno de los portales de libros
más visitados en idioma español.
Regístrese y compre todos sus libros en

norma

y reciba grandes beneficios:

- Conozca los últimos libros publicados.
- Mire algunas de las páginas interiores de los libros.
- Reciba mensualmente el boletín de las novedades
  publicadas en los temas de su interés.
- Participe en nuestro programa Norma Puntos
  y obtenga los siguientes beneficios:
  - Gane 2000 puntos por su registro.
  - Refiéranos a sus amigos y gane más Norma
    Puntos por cada uno de ellos.
  - Acumule puntos por sus compras.
  - Los puntos podrán ser redimidos
    por libros y/o descuentos.
- Participe en concursos, foros, lanzamientos
  y muchas actividades más.
- Compre sus libros en una plataforma segura de
  correo electrónico que permite varias alternativas
  de forma de pago.
- Reciba atención personalizada en:
  servicliente@norma.com